Wilhelm Wendler

Zusammenstellung der Fremdwörter des Alt- und Mittelhochdeutschen

Wilhelm Wendler

Zusammenstellung der Fremdwörter des Alt- und Mittelhochdeutschen

ISBN/EAN: 9783743315273

Hergestellt in Europa, USA, Kanada, Australien, Japan

Cover: Foto ©Thomas Meinert / pixelio.de

Manufactured and distributed by brebook publishing software (www.brebook.com)

Wilhelm Wendler

Zusammenstellung der Fremdwörter des Alt- und Mittelhochdeutschen

GYMNASIUM ZU ZWICKAU.

Jahresbericht
über das Schuljahr 1864—1865,

womit

zu der am 25. und 26. September zu haltenden

öffentlichen Prüfung aller Classen

und dem

auf den 28. September festgesetzten

feierlichen Redeactus

ehrerbietigst und ergebenst einladet

Dr. Hugo Ilberg,
Director und Professor.

Voran geht

eine Abhandlung des Oberlehrers **Wilhelm Wendler**: Zusammenstellung der Fremdwörter des Alt- und Mittelhochdeutschen nach sachlichen Kategorien.

Zwickau,
Druck von R. Zückler.

Zusammenstellung
der
Fremdwörter des Alt- und Mittelhochdeutschen
nach sachlichen Kategorien.

Der Verfasser vorliegender Arbeit hat nicht neues finden wollen auf dem Gebiete der Etymologie; er hat die Fremdwörter im Mittel- und Althochdeutschen nach sachlichen Kategorien zusammengestellt, als einen Theil der Vorarbeiten zur Lösung der grösseren Aufgabe, den Einfluss des Romanenthums auf die Deutschen im Mittelalter darzustellen. Der aufmerksame Leser wird finden, dass die Etymologien, soweit das möglich war, nicht ohne Prüfung angenommen, auch eine Anzahl neue hinzugefügt worden sind. Die Beschränktheit des Raumes einer Programmenschrift verbietet aber, die aus der Zusammenstellung zu ziehenden Schlüsse hinzuzufügen, übrigens liegen die Resultate für den Kundigen offen zu Tage. Es folgt zunächst eine Uebersicht der Kategorien.

I. Kirche.
1. Personen der Kirche.
2. Kirchliche Dinge und Vorgänge.
3. Theologische Begriffe.

II. Staat.
1. Frieden.
   A. Rechtsverhältnisse.
   B. Der Fürst und sein Hof.
   C. Münzen, Maasse, Gewichte.
   D. Allgemeine Begriffe des Handels: Handwerke, Lastthiere.
   E. Brief (das Schreiben).
   F. Schifffahrt (Kriegsschiff).

2. Krieg.
   A. Kriegsrüstung.
   B. Eintheilung des Heeres.
   C. Turnier und Kampf.
   D. Befestigung und Belagerung.

III. Kunst und Wissenschaft.
1. Kunst.
2. Wissenschaft.
   A. Allgemeines aus der Wissenschaft, philosophische Begriffe.
   B. Thiere.
   C. Pflanzen.
   D. Mineralien (Edelsteine).
   E. Medicinisches.

IV. Privatleben.
1. Alltägliches Leben.
2. Räumlichkeiten, Gefässe, Werkzeuge zur Bereitung und Aufbewahrung der Speisen, Essgeschirr.
3. Speisen und ihre Bestandtheile.
4. Wohnung, ihr Bau und ihre Einrichtung.
5. Kleiderstoffe.
6. Kleidungsstücke.
7. Putz und Kopfbedeckung.
8. Pelz, Leder, Fussbekleidung.
9. Farben.
10. Spiel, Tanz, gesellige Unterhaltung.
11. Jagd.

Abkürzungen: ahd. = althochdeutsch, mhd. = mittelhochdeutsch, nhd. = neuhochdeutsch, frz. = französisch, ital. = italienisch, span. = spanisch, port. = portugiesisch, pr. = provençalisch, lat. = lateinisch, gr. = griechisch, gr.l. = griechisch-lateinisch, rom. = romanisch, nord. = nordisch, ags. = angelsachsisch, slav. = slavisch, m. = Masculinum, f. = Femininum, n. = Neutrum, st. = stark, sw. = schwach, v. = Verbum, sbst. = Substantivum, adj. = Adjectivum.

I. Kirche.

1. Personen der Kirche.

Abbāt u. **Abbet**, stm. aus gr. l. abbas, der Abt. Romanischer Einfluss an der Ableitung vom lat. Stamm wahrzunehmen.

Antiste swm. aus gr. l. antistes, der Vorsteher, bei christl. Schriftstellern, der Bischof.

Apostel stm. von gr. l. apostolus.

Bābest stm. mit einer ganzen Reihe anderer Formen, aus gr. l. papas der Papst. Das Wort hat also die Lautverschiebung nicht durchgemacht, es ist erst später in dieser Bedeutung bekannt geworden; rom. Einfluss zeigt das Schwanken des Inlautes. cf. brŏbest.

Badiste swm. von gr. l. baptista; das Wort hat roman. Einfluss erlitten. Das Französ. schreibt zwar etymol. richtig baptiser, spricht aber nur t nicht pt.

Bilgerīn stm. aus rom. pellegrino, frz. pélerin. v. lat. peregrinus (r u. l cf. priol).

Bischof stm. von gr. ἐπίσκοπος, ital. vescovo, jeder höhere Geistliche.

Briester stm. aus gr. l. presbyter, durch Vermittelung des afrz. prestre, der Priester.

Brobest stm. aus lat. propositus, während alle rom. Formen aus praepositus entstanden zu sein scheinen. Wohl diesem Worte ist die Form pābest = bābest mit der Nebenform pŏbest nachgebildet.

Converse swm. aus lat. conversus, der Laienbruder.

Diāke swm. aus gr. l. diaconus; dazu die Formen jachono und jacuno. (Ζεύς, Διός, Juppiter; frz.: diurnum sc. tempus zu jour.

Ewangelier auch letzenaere) stm., der Geistl., der das Amt hat, das Evangelium vorzulesen, mit der Würde eines Diaconus. Die Endung zeigt rom. Einfluss.

Gardiān stm. der Guardian, von der rom. Form des deutschen Verbums warten; der pater superior des Klosters.

Knŭnich stm. aus lat. canonicus; das a ist des Accents wegen ausgefallen.

Kôr stm. aus gr. l. chorus, die Gesammtheit der singenden Geistlichen in der Kirche. Dazu Kŏrbischof, der Aufseher über diese Geistlichen.

Kuster stm. ahd. custor der Küster; rom. müsste das Wort vom Stamme custod gebildet sein, es ist aber entweder aus Missverständniss, als ob der Genitiv custoris hiesse, oder von einem abgeleitet. Adject. custorarius (eigentl. also mhd. custoraere) gebildet.

Leie, leige, swm. aus gr. l. laicus, jeder, der nicht Geistlicher ist.

Letzenaere stm. aus lat. lectionarius, cf. ewangeher. Bezeichnet auch das Buch, aus welchem und den Ort, an welchem solche Vorlesungen geschahen.

Messnaere swm. der Messner, nicht von Messe abzuleiten, dem es nachgebildet ist, sondern von dem lat. mensa, goth. mêsa, rom. mesa; eigentl. also: mensenarius, der den Altartisch besorgt.

Mŭnich stm. aus gr. l. monachus, der Mönch; zu dem Laute ŭ zu vergleichen Knŭnich aus canonicus und ŭnster aus monasterium.

Patriarke swstm. aus gr. l. patriarcha, der Patriarch.

Pfaffe swm. goth. papa aus gr. l. papa, eines der zuerst eingebürgerten Wörter (Lautverschiebung ahd. phaffo und phapho); der Weltgeistliche.

Prelāte schwm. aus lat. praelatus, ein bevorzugter, hoher Geistlicher.

Priol stm. aus lat. prior, der Vorsteher des Klosters. Mit dem häufigen Wechsel zwischen r und l, so noch in mŭlboum aus morus, tŏrper und tŏlpel, hader und hadel, getummer und gettŭmmel, zitōl und cithara, marmor und marmel, scharmŭtze und schalmŭtze, klistiere und kristiere, auch lat. in salus und servare und in unserer heutigen Volkssprache in Balbier und Barbier, in marter und martel, Körper und Körpel (cf. Grimm II. 119), ahd. chiricha und chilicha, visel nach Wackern. aus visor, nfrz. refrain aus afrz. refloit, misel aus miser (oder vielleicht aus misellus?).

Regulaere stm. aus lat. regularius, der Mönch, der nach einer Regel lebt.

Sigriste swm. aus lat. sacrista, der Küster; das Wort ist wohl direct ohne rom. Einfluss aufgenommen, da wir sonst die Form sacristāne haben müssten (cf. schachtelān).

Scaf u. scaph, von gr. l. catascopus, Aufseher, mit der Würde eines Archidiaconus.

Techan stm. von lat. decanus, der Dechant.

2. Kirchliche Dinge und Vorgänge.

Abit stm. aus frz. habit, v. lat. habitus, das Ordenskleid.

Albe stf. aus lat. alba, ein weissleinener Rock des Priesters.

Almütze prov. almussa, frz. aumusse, Chorpelz der Domherrn, zuerst nur Pelzmützte. Nach Diez verwandt mit dem deutschen Mütze in Verbindung mit dem arabischen Artikel (?).

Alter stm. ahd. altâri, lat. altare; daneben die Form Elter, der Altar.

Antifner stn. v. gr. l. antiptonarium, der Wechselgesang.

Apsite und **absite** aus gr. ἀψίς, ἀψίδος = sagrarae, Sacristei, Ort in der Kirche zur Aufbewahrung der Reliquien. Das t ist durch Umdeutung für d eingetreten, mit Bezug auf Seite.

Brédigen swv. aus lat. praedicare, ahd. predigôn u. bredigôn, predigen. Dazu bredigaere, bredigäte u. bredige, bredigerstap, rom. Erweichung der Conson.

Decrêt u. decrêtâl, stn. aus lat. decretum, eine päpstl. Verordnung.

Dezme dezemo, schwm. aus lat. decima, der Zehnte.

Dormenter stm. Schlafgemach im Kloster, von lat. dormitorium; das n ist also eingeschoben; es scheint dem Wort refenter nachgebildet zu sein.

Gerner od. karnaere stm. aus l. carnarium, Beinhaus, Leichenhof.

Gradâl u. gradûâl, stn. aus lat. gradualis sc. liber, geistliche Gesänge enthaltend.

Grâl stm. aus mfr. graal (von lat. gradalis, von gr. l. crater?), die Gralschüssel. Zu demselben Stamme gehört vielleicht auch das Wort Kratte, gratte swm. = corporâlen, Gefäss für die Monstranz

Quadragêsimâl stn. Sammlung von 40 Predigten für die Fastenzeit vor Ostern.

Kafse stf. aus lat. capsa, Reliquienbehälter.

Kanzel f. ahd. chancella, aus l. cancelli, Kanzel.

Cäpölle swstf. ahd. chappëlla aus ml. capella, eigentl. eine kleine Kappe, auf die man die Eide leistete, dann der Ort, an dem dieselbe aufbewahrt wurde, zuletzt Heiligthum.

Kapitel stm. aus lat. capitulum, eine feierliche Versammlung von Geistlichen.

Kasugelo swf. das Messgewand, welches glockenförmig den Priester einhüllt; entstanden aus it. casupola, v. lat. casula, dem dim. von casa; der Name ist also hergeleitet von der Aehnlichkeit der Gestalt. So hiess auch afrz. wegen der Aehnlichkeit ein Mantel cloche, engl. cloak, mlt. clocca; cf. auch casagân, von demselben casa, frz. casaque, casaquin gebildet.

Kerze swf. ahd. charz, verschoben aus lat. ceratum: zu vergleichen sind wegen der Anwendung des c als Kehllaut: Kiste (cista), Keller (cellarium, im Gegensatz zu dem später aufgenommenen zelle). Kicher (cicer, daneben das spätere ziser, ebenso ist das Verhältniss bei Ziegel und Tiegel, von lat. tegula), Kirsche (cerasus). ahd. chirch (cireus).

Kirche swf. v. gr. κυριακόν, nicht aber von cireus, weil die ahd. Form chîricha lautet, während die von cireus abgeleitete chirch lautet. Die Länge des Vocals ist jetzt verloren, weil die Länge der Sylbe ersetzt ist durch die neue Position.

[**Klocke** swf. aus frz. cloche oder umgekehrt? die Etymol. ist noch ganz unsicher.]

Klôse, Klôsenaere, Klôster etc. aus lat. clausa, claustrum etc. Romanisch wegen der Umwandlung des au zu ô.

Colobium aus gr. κολόβιον, ein Unterkleid mit kurzen oder ganz ohne Aermel.

Complêt stf. aus completa, die letzte canonische Hore des Tages.

Concili stn. lat. concilium.

Convënt stm. Zusammenkunft von Geistlichen in einem Kloster, aus l. conventus.

Corporâl stn. das Tuch zur Umhüllung der Hostie, des Leibes Christi, aus lat. corporale; dazu Corporalgeraete, vasa ecclesiae corporalia.

Kranz stn. Das Wort kann unmöglich direct von corona herkommen: das z bliebe dann ganz ohne Erklärung; ich glaube, man kann es ableiten von der Form coronatum mit Verschiebung des t zu z, so dass es zunächst das kreisförmig umgebene und dann das umgebende bezeichnet. Es ist der Kranz von Haaren, den die Mönche mancher Orden stehen lassen. cf. Kerze.

Kriuze stm. Das Wort ist durch roman. Einfluss von dem Stamm des latein. crux gebildet [durch Gleichstellung des Accus. und Nom]. Aehnlich ist das Verhältniss der Wörter furnache und lat. fornax, nur dass wegen der Verschiebung des c anzunehmen ist, dass dieses zweite Wort noch vor der Lautverschiebung von den Romanen zu uns gekommen ist: es findet sich ja auch schon im Goth. romanischer Einfluss.

Krisem stn. aus gr. l. chrisma, die Salbung.
Krist stn. Christus; dazu die Formen christâni, christaene, kristen, stm. und kristenin, stf., der Christ und die Christin.
Leccie, leeze, lecte, swf. aus lat. lectio (sc. evangelica) die Perikope, cf. letzenaere u. ewangelier.
Mësselach, messachel und missachel, stn. ein Priesterkleid, aus Messe und Laken?
Metten stf. ahd. mattina, metdina, aus lat. matutina, sc. hora. Das a am Ende ist zum Theil missverstanden, als sei das Wort ein Neutrum plur., es kommt daher als sing. und als plur. vor. Häufiger ist der umgekehrte Fall, man hält das n. pl. für ein fem. sing., so in mile aus lat. millia, wase aus lat. vasa; franz. sind diese Wörter masc.
Nône stf., der um die 9. Stunde (3 Uhr Nachmittag) im Kloster abgehaltene Gottesdienst.
Oleien swv. aus l. oleum, die letzte Oelung geben.
Ornât stm. aus lat. ornatus, die Amtstracht.
Parochia pharra, f. aus gr. παροικία, die Parochie.
Pfingesten stf. dat. pl. aus gr. l. pentecoste, Pfingsten.
Pfrüende stf. ahd. pruanta, phrnonda, plurunte, aus lat. praebenda, die Pfründe; dazu das swv. pruantön und das m. phruntari, Pfründner; der von Wackernagel vorgeschlagenen Ableitung durch Ablautsbildung von prandium entspricht zwar die franz. Form provende, kaum aber die Form prévende. Mit Recht hält Scheler die Form provende für eine Anbildung an provende (deutsch proviant).
Pfulsen schwv. aus lat. pulsare, läuten.
Pitanz stf. aus span. pitanza, it. pictanza; eine reichlichere Portion, die an gewissen Tagen in den Klöstern gegeben wurde. Gehört das Wort zu der Wurzel pit (afrz. pite, eine kleine Kupfermünze, mlt. pieta) zur Bezeichnung eines kleinen Gegenstandes (frz. petit)?
Plênâri stn. lat. plenarium, Messbuch mit den vollständigen Evangelien und Episteln.
Postille swf. aus lat. post illa verba sacrae scripturae, dem alten Anfang der eigentlichen Predigt, dann eine Predigtsammlung.
Prim stf. prima horarum canonicarum; dazu primglocke und primzît (6 Uhr Morgens).
Procêssje schwf. aus lat. processio, die Procession.

Pulbrêt stn. aus frz. pulpitre von lat. pulpitum; das r des frz. Wortes ist Grund zu der erklärenden Umdeutschung des Wortes, cf. den Artikel Armbrust.
Racjônâl stn. ein Brustschmuck der Priester von Seide und Gold, ähnlich dem Brustschild der jüdischen Hohenpriester. Etym.?
Rêfenter stn. (daneben die Formen rêbenter, rêvendal) aus l. refectorium, der Speisesaal der Klöster, cf. dormenter.
Ruckit stn. das Chorhemde, aus ital. rocchetto, von dem ahd. hroch, ags. roc., urd. rockr.
Schappe schwf. aus fr. chape, von ml. capa, Rock der Geistlichen, dazu **schappert**, stm. Regenmantel der Frauen und die Ableitung **schaperûn** stm. aus frz. chaperon, besonders von den Novizen der Franciscaner und Minoriten angewendet.
Schepelaere stm. aus lat. scapulare, Schulterrock (schapelier, rom.); also nicht mit frz. chapeau zusammenhängend, woher die Deutung Mönchshut.
Schrin stn. aus lat. scrinium, Schrein, Kiste; dazu heilic scrin = sacrarium (umgedeutet zu sigeltor).
Sêgen stm. lat. signum sc. crucis, der Segen.
Sênt stm. ahd. sênôt, aus gr. l. synodus, geistliches Gericht.
Stôle f. ahd. stola, aus gr. l. stola, ein Hauptbestandtheil der priesterlichen Kleidung; daher auch das Priesteramt selbst (eine breite Binde, vom Hals über die Brust bis an die Kniee reichend).
Tabernakel stn. aus lat. tabernaculum, der Behälter für das Allerheiligste.
Technîe stf. aus l. decania, die Dechanei.
Tempel stmn. aus lat. templum, der Tempel.
Tuom stm. lat. domus, der Dom.
Umbrâl stn. aus lat. humerale, ein Theil des Messgewandes.
Venje stf. der Kniefall zum Gebet, aus lat. venia; dazu venjen, swv auf den Knieen beten aus ml. veniare.
Vêsper stf. aus lat. vespera, Gottesdienst Abends 6 Uhr.
Villege schwf. aus lat. vigilia; wohl durch rom. Einfluss sind die Consonanten versetzt worden (frz. veille, die Nachtwache), Gottesdienst am Abend vor einem Feste (beim Begräbniss: Seelenmesse).
Firmen swv. aus lat. firmare, firmen.
Fraterschëlle swm. aus mlat. fratricelli = fratres minores, eine Secte des Franciscanerordens.

Westerhemde, -huot, -lege, velâmen investiturae lustrale (westerlege ist Collectivum, es bezeichnet alle Kleider des Täuflings, dann auch das Anlegen derselben).
Wile stm. aus lat. velum, der Nonnenschleier, wohl roman. wegen des î für ê.
Zelle stf. aus l. cella, Zelle, im allgem. Wohngemach.
Zibärie swf. der zur Aufbewahrung von Speise dienende oberste Theil des Altars, von lat. cibarium.

3. Theologische Begriffe.

Absoluzie stf. aus l. absolutio, die Absolution.
Almuosen stn. von gr. l. eleemosyna, aus afrz. almosne, aumône. Dazu almuoseuaere.
Apöcalypse stf. aus gr. l. apocalypsis, die Offenbarung.
Benedien u. benedigen, maldien swv., aus lat. benedicere u. maledicere.
Endekrist umgedeutet aus Antikrist, vielleicht mit Rücksicht auf das jüngste Gericht.
Engel stm. ahd. angil aus gr. l. angelus.
Ypapauti von gr. ἐπαπαντή. [Als das Wort aufgenommen wurde sprach man also das η als ι aus.] Das Fest der Darstellung Christi.
Cathezizieren swv. für catechisieren aus gr. κατηχίζω [gewöhnl. κατηχίσθαι].
Kerrine stf. mlt. carêna = quadragena, Busse durch 40tägiges Fasten oder 40 Geisselhiebe. Dazu: kerrner, !. quadragenarius, ein solcher Büsser.
Kestigunge stf. kestigen swv. aus lat. castigare, frz. châtier, kasteien; das Substantivum ist zu merken, weil durch deutsche Endung von einem lat. Wort abgeleitet.
Ketzer, stm. von gr. l. catharus, Reiniger.
Kirleis singen aus Kyrië eleïson, überhaupt der Kirchengesang, im besonders Dank- und Loblied. Noch weiter verstümmelt bis zu leis bezeichnet es überhaupt das Singen, das Lied, so dass neue Zusammensetzungen damit gebildet sind: heijerleis, ein Freudenlied zur Begleitung des Tanzes und jämerleis, ein Trauerlied.
Conscieneje swstf. aus l. conscientia, Gewissen.
Contemplieren swv. aus lat. contemplari, das geistliche Beschauen.
Creature creatuore, creatiure, creatiure, stf. sowohl aus lat. creatura, als auch aus frz. créature.
Litanie f. die Litanei, von gr. λιτανεία, das Flehen.

Marter stm. ahd. martirâri, aus gr. l. martyr, zuerst nur Blutzenge, dann in allgemeinerer Bedeutung, der welcher Qual zu leiden hat. Dazu das gleichlautende stf. marter, das Blutzeugniss, die Passion, das Kreuz. Auch in der Form martel, cf. dazu das Wort Priol.
Messe stf. Aus den Schlussworten des wirklichen allgemeinen Gottesdienstes, als Benennung für das darauf folgende Abendmahl: missa est concio. Zu vergleichen sind dazu die Worte: Postille (post illa verba sacrae scripturae), Fâdê (vade in pace), Westerhemde, Westerhuot, Westerlege (investitura), Funtdivillôl (filiolus de fonte), Betz (pacem), Segen (signum crucis), Hocuspocus (hoc est corpus), innummerdummen âmen (in nomine domini, amen).
Moräliteit stf. vom Stamm des lat. moralitas, Sittenlehre in Sprüchen, Gleichnissen etc.
Omélie swf., die Homilie, aus gr. ὁμιλία.
Opfern swv. ahd. opharôn, aus lat. offerre, der Kirche ein Geschenk machen. Das zugehörige stn. opfer bedeutet aber sowohl die Gabe an die Kirche, als das Sinnbild des Opfers Christi, die Hostie. Dieses Sinnbild heisst nun aber mit anderem Namen ovelâte. Da die rom. Erweichung des b zu v ziemlich häufig ist, so kann man das Wort wohl als part. von offerre ansehen. Der ahd. Formen obli, oblegi und obelagi wegen nimmt Waekernagel an, das Wort sei aus gr. l. eulogia entstanden. Ich glaube das Wort ovelâte enthält sowohl das gr. eulogia, als das lat. oblata und zwar so, dass die Wörter zuerst mit verschiedener Bedeutung nebeneinander bestanden, diese aber war so ähnlich, dass beide Wörter nach und nach dieselbe Bedeutung erhielten und dann auch formell in einem Wort aufgingen.
Parabelle swf. a. gr. παραβολή. Gleichnissrede.
Paradiese stn. aus gr. παράδεισος.
Passie swf. die Passion. Leidensgeschichte. Dazu passion und passionâl stn., das Buch, welches die Leidensgeschichte enthält.
Päternoster stn. in der eigentlichen Bedeutung und auch wohl als Rosenkranz.
Peuitentz stf. aus lat. poenitentia, die Busse: zu vergleichen Provenze u. Provence, prinze u. prince.
Psalme und **Salme**. stm. aus gr. l. psalmus, der Psalm. Dazu Salmscoph, Psalmendichter. Aehnlich prize und sprize; auch das deutsche Stricken u. frz. tricoter.

Regele swf. aus lat. regula, die Ordensregel.
Sacrament stn. das Sacrament des Abendmahls, l. sacramentum.
Sent, sente, aus frz. saint, lat. sanctus.
Symonie stf. (simonei), von Simon dem Zauberer.
Tinvel stm. aus gr. l. diabolus, mit einer ganzen Reihe abweichender Formen.
Trinität stf. lat. trinitas, Dreieinigkeit.

Vernogieren swv. seinen Glauben verleugnen, wieder vom Christenthum abfallen aus afr. renoier, lat. renegare, nfrz. renier (Renegat); renoier von renegare gebildet wie roi von rex, loi von lex, devoir von debere etc.
Fest stn. aus l. dies festus.
Cypline stswf. aus lat. disciplina, die Züchtigung.

II. Staat.

1. Frieden.

A. Rechtsverhältnisse.

Boije swf. u. swm. Ketten und Bande, in welche Gefangene geschmiedet werden, von dem lat. bojae. die Halsfessel.
Gant stf. aus rom. incanto, wie theuer? gerichtlicher Verkauf an den Meistbietenden.
Grenze stf. aus slav. granitza. Die Wörter für den Begriff sind: greuze, terme, mark. Dieses letzte ist allein deutsch und bedeutet nicht einmal wirklich die Grenzlinie, sondern den ganzen Grenzbezirk. Es fehlte also den Deutschen damals noch der eigentliche Begriff Grenze.
Ihsil ahd. adj. aus lat. exul, dazu ihsili, die Verbannung.
Karkaere ahd. charchâri, stm. aus l. carcer, Kerker.
Ketene stf. ahd. Ketina, aus l. catena, die Kette.
Comün swf. die Gemeinde aus lat. communis.
Köse ahd. kôsa, swf. aus frz. cause, l. causa, der Rechtshandel.
Meier stm. aus frz. maire, l. major, Aufseher der königlichen Güter.
Meister stm. aus afrz. maistre (meier aus maire) v. lat. magister, Aufseher, Lehrer.
Mubel stn. das fahrende Gut, aus lat. mobile.
Notaere stm. aus l. notarius, dazu notel aus l. notula, Notariatsurkunde.
Orden stm. ahd. stf. ordena, aus afrz. ordene, lat. ordo, Anordnung, Gesetz, Befehl.
Patrön swm. aus l. patronus.
Part stf. aus frz. part, v. l. pars, die Partei.
Pfaht stf. aus mlt. pactus, pactum, das Landesgesetz. Dazu: pfahten, prüfen ob etwas diesem Gesetze entspricht; visieren.

Pfressel stn. aus lat. pressula, Pergamentstreifen von Urkunden, woran das Siegel hängt.
Presse stf. aus frz. prise, die Execution.
Prisûn stn. aus frz. prison, Gefängniss.
Publicäne stm. aus l. publicanus, Pächter von Zöllen etc.
Reister stn. und stm., mit doppelter Bedeutung; es ist sowohl registrum, als auch registrarius und damit synonym mit meister.
Rivier stf. aus frz. rivière, v. l. riparia, der Bezirk.
Robâte swf. (mit den Umdeutungen rowatte, robold, rottbede) von dem slav. robot, die Frohnarbeit, dazu das swv. robâten, solche Arbeit leisten.
Rodel stm. u. stf. aus lat. rotulus, rotula, Rolle, Urkunde in solcher Gestalt.
Sacman und schâchman stm. aus ital. saccomano, Packknecht, deutsch Räuber. Diez leitet diese Bedeutung von dem Sacke, als dem Werkzeuge des Raubens, direct ab; ich glaube man thut besser eine Vermittlung des span. port. sacar, afr. sachier, pic. saquer, an sich bringen, sich zu eigen machen, eigentlich wohl „einsacken", anzunehmen, da der Sack zwar ein Werkzeug zum Rauben ist, aber nicht ein bezeichnendes.
Sacrilegje stf. aus l. sacrilegium, also mit falschem Genus, Tempelraub.
Slave stm. der Sclave, eigentlich der gefangene Slave.
Terme, swm. aus frz. terme, v. l. terminus, Grenze, dazu das swv. terminôn, lat. terminare.
Tozman, stm. aus decimanum, dazu tazman und taz (auch in der heutigen Volkssprache tätzen); nach Ziemann ist die Form taz von datum abzuleiten; sie ist aber doch wohl weiter nichts, als eine Abkürzung von tazman.

Tymenitz und temenitz, swf., Gefängniss. Das Wort ist wohl slavisch, über die Etymol. ist mir nichts bekannt. Wir haben also im Mhd. drei Wörter zur Bezeichnung des Begriffes: Karkaere, Prisûn, Tymenitz, aber keines ist deutsch, auch andere hierher gehörige Begriffe sind fremden Ursprungs, so tormint, kette, presse, robâte, slave etc.
Voget stm. aus l. vocatus, der Vogt.
Waltwiser stm. aus l. visor, Aufseher im Wald.
Zedele stf. aus ital. cédala, lat. scheda, schriftliches Instrument, Urkunde.
Zins stm. aus lat. census, eine gesetzlich bestimmte Leistung, Lehndienst.

B. Der Fürst und sein Hof.

Baldekin stn. seidenes Zeug aus Bagdad und der daraus gemachte Baldachin.
Barûn stn. die Etymol. ist unbestimmt; die Endung weist auf rom. Ursprung des Wortes; ein Landesfürst, sowohl geistl. als weltlichen Standes.
Buteglaere stm. aus frz. bouteiller, der Schenke am fürstlichen Hofe.
Dameisêl und dan afr. damoisaulx und dam v. dominus, [dazu das fem. dame und demoiselle,] ein junger Edler.
Diadem stm. aus gr. διάδημα, fürstlicher Kopfschmuck.
Doschesse stf. aus frz. duchesse, Herzogin.
[**Grave** swm. Ueber die Etymol. dieses Wortes wird sich kaum etwas sicheres sagen lassen. Ml. heisst das Wort gratio, graphio; nach Wackernagel ist es von γράφω abzuleiten. Das Amt der Grafen scheint mir aber ein so urgermanisches zu sein, dass ich ein Fremdwort dafür nicht gern leiden mag. Dazu kommt, dass der Graf mit dem Schreiben selbst sicherlich wenig zu thun gehabt hat. Wenn ich zu den schon gemachten Vermuthungen noch eine hinzufügen darf, so möchte ich wieder zurückkommen auf die Ableitung von grâ, denke aber dabei nicht an die altersgrauen Köpfe der Grafen, sondern an das Pelzwerk mit dem zur Auszeichnung ihre Gewänder geschmückt waren. Doch kann auch ich nicht etwas bestimmtes sagen. Dazu gehört eine ganze Reihe composita. Ich zähle also grave nicht mit zu den Fremdwörtern.]
Keiser stm. aus lat. Caesar.
Cunts und eunt stm. aus frz. comte, v. l. comes, der Graf.

Krone stf. aus l. corona, Zeichen der königlichen Würde.
Lampriure stm., missverstanden aus frz. l'empereur. Ebenso in mhd. lunze, Löwin, aus frz. l'once. Ein umgekehrtes Missverständniss in frz. la Pouille anstatt l'Apouille (mhd. Pulje oder Pulle). W. Wackernagel stellt also das mhd. Pulle nicht mit Recht zusammen mit mhd. samît aus ἐξάμιτος, pótacha und apotheka, spisa und expensa etc.; wenigstens scheint mir, da es sich gerade nu einen Eigennamen handelt, die Erklärung der neuen Form aus Missverständniss natürlicher, als die durch Aphaerese wegen Tonlosigkeit des Anfanges des Wortes.
Palas stm. u. n. aus frz. palais von lat. palatium. Daneben die Form Pfalz, die einer früheren Zeit angehört; dazu die Form phalanze, die Wohnung eines Königs, eigentlich ein Gebäude mit einem Hauptgemach.
Postât aus ital. podestà, Statthalter der Kaiser in den ital. Städten.
Prinze swm. aus frz. prince, der Fürst.
Regnieren schwv. lat. regnare, König sein.
Roijâme stn. aus frz. royaume, Königthum.
Schachtelkunt stm. der Burggraf, von schachtel = schastel aus afr. chastel und eunts = comte.
Scheneschlant stm. Verstümmelung des frz. sénéchal aus dem ahd. seneschal, der älteste der Dienerschaft.
Suppân stm. slaw. Wort und Amt, davon sûpanîe, stf. dieses Amt selbst, dazu die böhm. Begrüssungsformel witaipan, willkommen = Herr [dazu ist zu stellen das ebenfalls böhm. dobraytrâ, guten Morgen].
Talfin stm. aus afr. dalphin, mlt. delphinus, Titel der Herren von Graisivaudan und Viennois.
Trôn, stm. aus gr. l. thronus, der Thron.
Zepter stm. aus gr. l. sceptrum.
Zise aus frz. accise, v. l. census, die Abgabe an den König.

C. Münzen, Maasse, Gewichte.

Bisanth stm. byzantinische Goldmünze.
Quart stn. der vierte Theil eines Maasses, aus l. quarta (sc. pars).
Marrotin stm. eine altspanische, maurische Goldmünze, mlt. marrobotinus.
Medele stf. aus meditallia, frz. demitaille, eine kleine Goldmünze.
Model stn. aus l. modulus, Maass.

Muller stm. ist jedenfalls aus frz. monture entstanden und bedeutet das Mahlgeld. Das von dem Müller abgezogene Mehl musste aber immer ein bestimmtes Maass haben, so dass später ein wirkliches Maass daraus wurde. Aehnlich also wie bei unserem deutschen Metze und abmetzen.

Münze ahd. muniza, stf. u. menniz stm. aus l. moneta. Münze.

Nòbel stm. aus frz. noble, Goldmünze.

Parisis stm. aus mfr. parisis, von l. parisiensis, eine Goldmünze.

Pfund stn aus l. pondus, das Pfund.

Sëhstere, sextâri, stm. aus lat. sextarius, ein Maass für trockene Gegenstände.

Serrâte swm. eine alte Münze, denarius serratus.

Timber stn. aus frz. timbre, lat. timbrium, ein Schock Felle, der Ziemer.

Tornois stm. aus grossus turonensis (Silbermünze), plur. turnose.

Urn stf. aus lat. urna, ein Maass für Wein.

Visieren swv. aus frz. viser, messen, aichen.

Florentiener stm. der Gulden, it. fiorino, eine florentinische Goldmünze mit dem Zeichen der Lilie, von flore, Blume.

Zente swm. aus l. centum, das Hundert; dazu Centner, aus centenarium (sc. librarum).

D. Allgemeine Begriffe des Handels; Handwerke, Lastthiere.

Burd stm. aus lat. bordo, Maulthier von einem Hengst und einer Eselin (mulus, Stute u. Esel).

Grempen swv. von it. comprare, dazu: gremper, Krämer; Kleinhandel treiben.

Karrosche f. aus rom. carros, von lat. carruca, Wagen, daneben die Formen: karre und karruch, dazu: karrer, carrucarius.

choufôn swv. goth. kaufôn, von lat. caupo; kaufen.

Quit adj. aus frz. quitte, ml. quitus für quietus, seiner Verpflichtung ledig.

Kosten swv. aus mfr. couster, nfrz. coûter, v. lat. constare.

Kuofaere stm. Küfer, aus lat. coparius von copa, Kufe.

Lavantâri stm. aus lat. lavator, der Walker.

Mangâri stm. aus lat. mango, Krämer.

Market stm. mërkât stm., aus l. mercatus, sowohl Ort, als Waare.

Marschandise stf. aus frz. marchandise, der Handel, die Waare.

Merz stm. aus lat. merx, mercis, das Kleinod, der Edelstein, kostbare Waare.

Metzellaere stm. aus lat. macellarius, der Krämer, dann besonders Fleischhändler. Dazu metzie, stf. lat. macellum.

Pagement peiment, stn. aus frz. payement, v. l. pacare, Bezahlung.

Pflster stm. aus lat. pistor, Bäcker, dazu pflsterie.

Pfragenâri ahd. stm. (ahd. auch vragner, Graff zu fragen?), nach Wackernagel zu ml. bargammare von bargns, Holzgerüst (ahd. phragina), der Marktmeister.

Phasch stm. der Durchweg, aus frz. passe, Fahrwasser von lat. passus (frz. passer, vorbeigehen); dazu das swf. passäsche, aus frz. passage, Ueberfahrt.

Phaerit stn. ans ml. paraveredus [παρά und lat. veredus, Jagdpferd, also ein Nebenpferd], das Pferd.

Pflùm stm. (pflûme) aus lat. flumen, Fluss.

Putsche swf. aus russ. botschka, Kufe, Fass zur Verschickung des Salzes.

Rente stf. aus frz. rente, v. rendre, v. lat. reddere, dazu ahd. rentôn, nord. renta.

Sarrote swf. ans frz. chariot, der Wagen.

Seckel stm. ahd. sahhil, lat. sacculus, Geldbentel.

Soum stm. aus gr. l. sagma, Last eines Thieres als Maassbestimmung, dann das Thier selbst (cf. goth. bagms, ahd. ponm).

Spêcie n. spitzerie, stswf. aus frz. épice, ital. speziera, von lat. species, was schon frühzeitig Waaren, dann besonders kostbare Waaren bezeichnet, so Dig. 39, 4, 16, § 7, wo unter diesen Waaren auch gefangene wilde Thiere mit aufgeführt werden.

Sträze stswf. aus l. via strata sc. lapidibus, Landstrasse.

Suter stm. Schuhmacher, Schneider, aus l. sutor; als besondere Arten: Kalbsnoter, Rindssnoter, Schnochsnoter, Kurdiwaener.

Talierer stm. Händler mit Schnittwaaren, aus frz. tailleur, von lat. talea, Abschnitt eines Bannes.

Trahieren swv., trastieren, einen Wechsel ziehen. Merkwürdig ist, dass der Deutsche hier allein die ursprüngliche Form hat, da alle romanischen Sprachen einen Zischlaut an Stelle des h bieten.

Trêse swm. ahd. trêso (gen. trêsowes) mhd. auch trêsor, aus frz. trésor, von gr. l. thesaurus, der Schatz.

Fardel stn. das Bündel, die Last, aus rom. fardel, frz. fardeau, wahrsch. arab. Ursprungs.

Fung pfunc, stm. goth. puggs, der Geldbentel, aus mlt. punga.

E. Brief (das Schreiben).

Atrîment aus lat. atramentum, Tinte.
Bapyr stn. das Papier, aus gr. l. papyrus.
Betschat stn. aus böhm. petschat, das Pettschaft.
Brief stm. aus l. breve; rom. wegen der Umwandlung des e in ie.
Datum stn. ein bestimmter Zeitpunkt.
Kalamâr stn. aus lat. calamarium, von calamus, Schreibzeug.
Linger (linjer) stm. aus lat. linearium, das Lineal.
Pressel stf. aus ml. pressula, die Presse zum Siegeln.
Rodel und **rogel** stf. aus lat. rotula, die Rolle, von Papier; besonders benutzt um Todesanzeigen von einem Kloster zum anderen zu bringen.
Schriben stv. aus lat. scribere, schreiben, dazu schriber, schrîbfêder, schribschindel, schriberzèche (Gemeinschaft der Schreiber), schribetac (Recesstag bei Gerichten), schrifteraele, stn. aus lat. scriptorale, Federmesser (schripmezzer).
Sigel stn. aus l. sigillum.
Tincte swf. aus lat. tincta sc. aqua, die Tinte.

F. Schifffahrt (Kriegsschiffe).

Anker stm. aus lat. anchora, der Anker.
Arke stf. aus l. arca, Arche, wohl fast nur das Fahrzeug Noah's; auch arc stm., Geldkiste und Sarg.
Batêle swm. aus afr. batel, das Boot; daneben die Form batelle.
Galeide aus ml. galeida, dieses ist zurückzuführen auf die rom. Formen, von denen prov. galeya die ursprünglichste ist. Die Etymol. ist unsicher, nach Diez vielleicht vom lat. galea. Daneben die Form galida, unser nhd. Gelte? Ein schmales, langes, schnelles Schiff, die Galeere; dazu galiôt m. Seeräuber, Corsar, aus ital. galeotto.
Kèibe stf. der Mastkorb aus gr. κόφινος, Korb.
Koche swm. aus frz. coque von l. concha, ein breites rundes Schiff.
Marnaere swm. aus ital. marinaro, Schiffsmann.
Näffe swf. aus frz. nef, von lat. navis, ein kleines Schiff.
Noclier stm. aus frz. noclier, von gr. l. nauclerus, der Schiffer.
Port stm. aus l. portus Hafen.
Prot aus lat. prora, der Vordertheil des Schiffes, frz. proue, mit auffallender Synkope des r; das deutsche Wort steht dem italien. am nächsten, wo das r zu d wurde, in proda neben prua.
Rade stf. aus frz. rade, das Gestade.
Rieme swm. aus l. remus, Ruder, mit rom. Verwandlung des e zu ie.
Sageine segin, stf. ein grosses Netz, aus gr. l. sagena.
Segel stm. aus l. sagulum.
Sentine stf. aus l. sentina, das Schiffsgefängniss, der unterste Raum im Schiffe.
Tragemunt stm. aus mfr. dromon, von gr. δρόμων, ein schnellfahrendes Kriegsschiff. Mit einer Reihe von Umdeutungen, die nur zum Zwecke hatten, deutsche Worte aus den fremden zu erhalten, ohne dass ein Begriff mit dem neuen Worte verbunden werden könnte; cf. den Artikel Armbrust.
Tremontâne stm. aus ital. tramontana, der Wind der von jenseits der Alpen (Berge) kommt, also für die Italiener der Nordwind; dann auch der Nordstern.
Foen m. aus lat. Favonius, ahd. Phôuno, der Foenwind (Westwind).

2. Krieg.

A. Kriegsrüstung.

Armbrust stn. aus frz. arbalête von lat. arcubalista. Eine der auffälligsten Umdeutungen eines fremden Wortes, die bei uns Deutschen viel häufiger vorkommen, glaube ich, als bei anderen Völkern, da wir durch alle Verhältnisse von frühester Zeit an darauf hingewiesen waren, uns Fremdes zu assimiliren. Wir wandelten dieses Fremde aber stets so um, dass es nicht mehr fremd blieb, sondern deutsch wurde. Dieses Streben hat sich nicht nur auf das Fremde beschränkt, auch deutsche Wörter sind ihm erlegen. Im Laufe der Zeit waren einzelne Wörter unverständlich geworden und man suchte sich dieselben nun durch Umdeutungen wieder verständlich zu machen. Ich will von vielen nur einige weniger bekannte Beispiele anführen:
Rinnstein scheinbar herzuleiten von rinnen; mhd. heisst das Wort aber Rihenstein und die Rihe war der Raum zwischen den Häusern, in welchen alle Gossen mündeten; weil nun allerdings dort Wasser floss, deutete man das nicht mehr verstandene Wort auf „rinnen".

Rotwurst mit den Nebenformen röselwurst und rosenwurst, die jedenfalls richtiger sind als rotwurst; denn eine Weiterbildung von rotwurst zu röselwurst und rosenwurst ist nicht möglich, wohl aber umgedreht: gute Blutwurst hat übrigens gar nicht eine rothe Farbe, es ist das vielmehr eine Fettwurst, die nur wenig Blut enthält. Ich halte dafür, dass das Wort herzuleiten ist von goth. hrôt, ahd. ruoz, ags. hrôt Rauchfang, und und dass es also Wurst, die zum Räuchern bestimmt ist bezeichnet. Das Wort Weisswurst zur Bezeichnung der Leberwurst ist weiter nichts, als eine Nachbildung des ersten; ganz congruent ist das Verhältniss der franz. Wörter magie noire und magie blanche.

Maulwurf mit seinen dialectischen Abweichungen Mondwolf (Meissen), Wantwnorm (Iserlohn) ist nicht das mit dem Maule aufwerfende Thier, sondern das welches die Erde aufstösst, von ahd. molt, die Erde, mit Weglassung des t; dasselbe ist bei der Verbindung voll machen = beschmutzen geschehen, welches aus mhd. vulter gebildet ist.

Rose Name einer Krankheit, die mit der Blume nur die Farbe gemein hat und die eigentlich Roete heisst.

Grosssprecherisch, gebildet als ob von sprechen abzuleiten, mhd. heisst das Wort grossbrëht, der grossen Glanz verbreitet.

Hagestolz und huffeholz nicht mit stolz und Holz zusammenhängend, sondern von hagestalt und hufhalz, hüftenlahm herzuleiten.

Kuntschaft als ob herzuleiten von kennen, während es herkommt von chunni, Geschlecht. Eigentlich heisst es also Vetternschaft.

Spanbette. Heute verstehen wir darunter das bölzerne Gestell des Bettes; früher war es eine besondere Art Betten und zwar die, welche nach Art unserer Feldstühle (eigentlich Faltstuhl, frz. pliant, von plier, falten) gespannt wurde. Vielleicht ist hier eine Verwechselung mit dem lat. sponda, Fussgestell des Bettes, anzunehmen.

Daneben sind nun eine ganze Reihe von fremden Wörtern anzuführen, welche bei ihrer Aufnahme im Deutschen irgend einem deutschen Worte ähnlich oder gleich gemacht worden sind; so:

Aalraupe ahd. rupha, ruppe, rûpe aus lat. rupita, also mit Assimilation des t gebildet und zwar nach dem Wort rûpa, Raupe.

Eine leicht erklärliche Verwechselung wegen der Aehnlichkeit der beiden Thiere in ihrer Gestalt.

Mürgriez aus margaritis, dem Worte griez, Samenkorn, gleichgestellt, wofür auch das ags. meregreot spricht.

Merdorn aus myrtel; ist durch den häufigen Wechsel zwischen r und l zunächst merder geworden und dieses ist nun umgedeutet zu merdorn.

Tragement ein sehr eclatantes Beispiel für das Streben der Verdeutschung auch mit Hintansetzung des Sinnes, aus frz. dromon; ähnlich armbrust, merdorn, Felleisen frz. vallise, Murmelthier ital. mure montano, Bergmans: Vielfrass schwed. fjällfras (Felsenbewohner).

Rünzabel gedeutet als „runa diaboli" während es „tabula runis exarata" ist. Dasselbe Wort zabel kommt noch vor in dem Worte schächzabel, Schachbret, mit den Deutungen schächzagel, schätzabel und schätzagel, so dass also aus der Schachtafel zuletzt ein Schafschwanz geworden ist (zagel = Schwanz).

Berhtram Name einer Pflanze aus piretrum. Also dem Namen Berhtram nachgebildet.

Kolgras aus coriandrium.

Griffel aus graphium aber nicht von greifen.

Endekrist aus Antikrist.

Polenkrüt aus pulegium.

Scharlachen aus scharlät.

Viôle nach viola, Veilchen gebildet aus phiala.

Meramsel aus dem lat. merula und dem deutschen amisala zusammengesetzt.

Orion als Name für den Morgenstern.

Phasehan und Phasehuon aus Phasant.

Pögrät aus Podagra.

Messner nicht von messe sondern von goth. mêsa, lat. meusa, der den Tisch des Altars besorgt.

Polier früher Palier, aus frz. parleur, der Sprecher unter den Gesellen, jetzt nachgebildet dem Verbum Poliren, von lat. polire.

Ordengeselle eigentlich ûrtengeselle. Urte ist nämlich die Wirthshauszeche.

Herumflankiren aus frz. flâner.

Sorbeerbaum aus frz. sorbier, von lat. sorbus.

Baccalaureus nicht der mit Lorbeer gekrönte sondern von ital. baccalare, junger Ritter, Knappe herzuleiten, das wir mhd. in der Form betschelier haben; cf. Diez s. v. baccalare.

Palast Name eines Edelsteins aus Paleis.
Elebrant aus Elephant, in der Bedeutung Elfenbein. Aehnliches kommt auch in andern Sprachen vor, so im Französ. in
Magie noire und **magie blanche**, mhd. nigro mauzie, umgedeutet aus νεκρομαντεία, unser „schwarze Kunst", während es etwa Geisterbeschwörung heissen sollte. Man machte also aus dem griech. νεκρός das lat. niger, und da es nun eine schwarze Kunst gab, glaubte man müsse es auch eine weisse geben.
Sangle Gürtel; das afr. Wort war cengle, lat. cingulum; der gleichen Aussprache wegen hat man das Wort dem Verbum saugler nachgebildet.
Azur aus lazur, das l hielt man für den apostr. Artikel; cf. la Pouille für l'Apouille, landier für l'andier (mlt. andena) Feuerbock, lierre für l'ierre aus lat. hedera Ephen; landit, Jahrmarkt zu St. Denis für l'endit (indictum).

Besonders häufig sind Umdeutungen in Namen, so in **Nögarten** (Nowgorod), **Lucern** (nicht lucerna, sondern Luceria), **Seraphei** (Servia); **Antipodes** wenn man in Erec liest: „Antipodes hiez ir lant" gebildet also wie ein grosser Theil der deutschen Ländernamen: Franken, Sachsen, Baiern, Böhmen, Mähren, Schwaben, Preussen, Schweden, Ungarn. **Amazonenstrom** aus dem indian. Wort Amassonas, der Bootzerstörer. Cf. dazu auch Wachsmuth, Gesch. deutscher Nat. I, 141. Dergleichen geschieht noch heute wenn aus St. Urban Thurm, aus St. Egidien Tilgen, aus St. Annen Stangendorf wird.

Wie solche Umdeutungen entstehen können zeigt sehr deutlich das lat. Wort minium, eine rothe Farbe, deren sich die Schreiber von Handschriften bedienten zu den kleinen Verzierungen (miniatura) im Anfange von Abschnitten, unser Mennige. Die Sprachkundigen glaubten natürlich zuerst das Wort Miniatur von lat. minor ableiten zu müssen, hier also die gelehrte Deutung; daneben hat das Volk sich des Wortes mennige bemächtigt und davon in der Redensart „roth werden wie ein Männchen" eine neue Anwendung gemacht. Die Beschränktheit des Raumes verbietet die Zusammenstellung weiter auszuführen.

Auch die classischen Sprachen haben dasselbe Streben. Das auffallendste Beispiel ist mir hier die Umdeutung des lat. Namens saxifragus (eine Pflanze, welche den Stein zerbröckelt), zu griech. σαρξιφαγής (fleischfressend); hierher gehörig sind z. B. noch die bekannten Umdeutungen von Jeruschalajim zu Hierosolyma, das heilige Salem, von sanhedrin zu συνέδριον.

Banniere stf. u. stn. Fähnchen am Speer, aus frz. bannière, dieses aber ein german. Wort, zu dem Stamme bind gehörig, cf. langob. band, Fahne.
Banzier stn. aus mfr. panchire, aus lat. pantex, der Panzer.
Barbier stn. aus frz. barbière, der Theil des Helmes, der den Bart schützt.
Buckelaere stm. aus frz. bouclier, runder erhabener Metallbeschlag in der Mitte des Schildes, ml. buccula. Das frz. Wort boucle heisst nun aber „Ring und Haarlocke"; es ist also bei dem Worte nicht an eine gleichmässig fortlaufende Fläche zu denken, sondern an eine solche, die aus einem schneckenlinienartigen Gewinde besteht, ähnlich einer Locke, die in sich zusammengefallen ist. Ich glaube die Wurzel des frz. boucle in dem Verbum biugan zu finden, besonders da das frz. boucle die beiden Hauptformen der alten deutschen Ringe (boug) darstellt; die Armspangen waren nämlich lockenartig gewunden, die Fingerringe einfache Reifen. Das Wort gehört also zu denen, welche aus german. Wurzel entstanden romanisch geworden und in der neuen Form wieder zu uns zurückgekehrt sind. Dergleichen Wörter finden sich weit mehr als auf allen anderen Gebieten gerade hier, weil die Deutschen in der Völkerwanderung als Eroberer auftretend, gerade auf dem, am meisten von ihnen geübten Gebiete, dem Kriege, den grössten Einfluss haben mussten, während später das Verhältniss sich wieder umkehrte.
Gavilot stn. aus afr. gavelot, Wurfspiess; dazu das stn. schavelin aus frz. javeline ein Spiess, mit dreieckigem Eisen (nach Grimm ans ags. gaflâc, aus nord. getja, Name eines Speeres u. ags. lac, Spiel).
Glavin stf. die Lanze, aus mfr. glaive, von gladiolus, Schwert. Wurfspiess; dazu die Form glêve.
Goufe f. Binde des Ritters, aus afr. coife, nach Diez von ahd. kuppa, Haube.
Gropiere stf. von frz. croupière, Pferdedecke. Das rom. groppo, frz. groupe hat eine rom. Wurzel nicht, wohl aber findet sich eine solche in dem ahd. crupel, ähnliches ist je-

doch auch in den kelt. Sprachen vorhanden; woher das frz. abzuleiten sei, bleibt unentschieden.

Gugerël stn. u. stm. der Kopfschmuck der Rosse, mit gugële, von lat. cuculla.

Häberjoel stn.? ein Theil der Rüstung. Die Endung deutet bestimmt auf frz. Ursprung hin und zwar auf die französ. Endung enil. Wenn ich eine Vermuthung aussprechen darf, so möchte ich an frz. abri und seine Ableitungen z. B. abriment erinnern, so dass das frz. Wort, welches ich allerdings nicht nachweisen kann, geheissen haben müsste: abrienil. Vergleichen lässt sich dazu unser deutsches halsberge (abri ebenfalls von bergen nach Diez).

Harnas stm. u. n. aus frz. harnais und dieses nach Wackernagel aus kelt. haiarn, eisern, der Harnisch.

Häsche swf. aus frz. hache, von lat. ascia, das Beil.

[**Helmbarte** swf. davon frz. hallebarde, die den Helm zerhauende Axt; das Wort ist hier nur anzuführen wegen der Form hellebarde, die wir jedenfalls dem frz. verdanken.]

Hersenier stn. die roman. Form des ahd. Wortes härsnuor, die Kopfbedeckung unter dem Helm (?).

Jumente swf. aus frz. jumente, lat. jumentum, Stute.

Karrosche swf. frz. carrosse, der Wagen, auf dem das Feldzeichen des Heeres gefahren wurde, von lat. carrus.

Komat stm. u. n. aus poln. chomato, das Kummet.

Covertiure stf. aus frz. couverture, die Bedeckung des Rosses.

Krocanier stn.? ein Theil der Rüstung (frz. croc, Sturmhaken?)

Kürass stn. aus frz. cuirasse, von cuir, lat. corium.

Lanze swf. aus frz. lance, von l. lancea, der Speer des Ritters.

Matertelle? eine Art Pfeile, aus afr. matras v. lat. mataris und matara, eine Art 'gallischer Wurfspiesse, dann auch ein Spiel, frz. merelle, marelle, wohl aus dem Dim. matarellus gebildet.

Müsenier stn. von dem Wort mûs, die Maus, in der Bedeutung von musculus (besonders der Biceps des Oberarms), mit rom. Endung, die Armschienen.

Nasel stn. der Theil des Helmes, welcher die Nase schützt, aus frz. nasel, von mlt. nasale.

Panel stn. afr. panel, engl. pannel; jedenfalls das Sattelkissen, das aber auch durch ein mehrmals gefaltetes Stück Zeug ersetzt werden konnte. Wohl anzusehen als Dimin. von lat. pannus, das Stück Tuch, auch Sack.

Pavese swf. und pafesûn stm. frz. pavois ein grosser Schild, der in Pavia gefertigt wurde. Die zweite Form ist romanisch, die erste scheint durch die Böhmen, bei denen das das Wort paweza heisst, zu uns gekommen zu sein.

Pervande stm. der Proviant, von dem partic. providenda, der Vorrath an Lebensmitteln.

Pheteraere stm. aus ml. petraria, eine Maschine zum Schleudern von Steinen.

Poulûn u. **Pavelûn** stm. aus frz. pavillon, mlt. papilio, das Zelt, auch als stf. pavelûne.

Purdûn stm. der Dolch. Der Endung wegen ein roman. Wort; eine Etymol. weiss ich nicht zu geben.

Runcin stn. aus frz. roncin, dieses aus rous, von dem deutschen ros, ein schlechtes Pferd.

[**Rüsch** stf. ein Theil des Helmschmuckes, kaum ein deutsches Wort (vielleicht von frz. ruche? Zarncke)].

Salier stm. der Helm; herzuleiten von it. celata, frz. salade aus lat. caelata sc. cassis, wegen der Bildwerke.

Samstenier stm. der Ringelhandschuh, der die Bewegung der Hand frei lässt. Ich halte das Wort für entstanden aus frz. sans und ténie (lat. taenia) Band, Leiste, als Handschuh ohne starke Metallleisten.

Scharmie swf. mlt. scaramanga? der Kriegsmantel, der Endung wegen roman. frz.

Schecke swm. aus ital. giaco od. frz. jaque; die Etym. ist unsicher, kurzer Oberrock der Kriegsleute.

Scheitier stn. ein Stück der Rüstung, vielleicht aus ahd. (suuert-) scëida?

Schinier stn. aus ital. schiniera, und dieses aus ahd. scina, tibia, crus, die Beinschiene; daneben die Formen schillier und die vollständigere schinmelier.

Schossen sw. pl. aus fr. chausses, die Blechhosen, von lat. calceus, Fuss- und Beinbekleidung.

Spaldinier stn. aus afr. espalde, Schulterblatt; Schulterbedeckung unter der Rüstung; von lat. spatula, Rückgrat der Thiere.

Spër stn. aus lat. sparum (ein gekrümmtes Wurfgeschoss), der Speer.

Sûbe f. ritterliches Gewand, wohl nur eine Nebenform von schûbe, aus frz. jupe.

Testier und **tehtier** stn., die Sturmhaube, v. frz. testière, aus teste = tête.

Türkis stm. der Köcher, aus frz. carquois, der Masculinform zu dem femin. carcasse, das Gerippe, dann der Köcher, weil dem Brustkasten ähnlich mit Reifen umspannt. Derselbe Wechsel der Conson. in tropiere und frz. croupière, innerhalb des Deutschen besonders häufig in Verbindung mit w: Twark und Quark, Twâl und Quâl, Twalm und Qnalm, Twirel und Quirel, Twer und Quer; so auch in der media videle und vigele.

Treif? von afrz. tref aus lat. trabs, Zelt, Hütte.

Tropiere stf. Decke der Pferde, aus frz. croupière, dieses von croupe, Kreuz der Pferde.

Trosse swv. von rom. torciare, zusammenschnüren, davon afr. torser und trousse, Bündel; packe. Dazu trosser und trossierer, Trossknecht.

Tulant? eine Art Zelt. cf. Ekub, Preymerün, Poulûn, Treif.

Verlankenieren swv. die Lanken (Seiten) mit Decken behängen. Das Subst. lanke selbst ist aus frz. flanc mit der Erweichung vlanc abzuleiten.

Vintâle swf. Visier des Helmes, aus frz. ventail, das Luftloch [éventail, von lat. ventus?].

Wambeis stn. aus afr. wambais und dieses aus ahd. wamba, Bauch, das Wamms.

B. Eintheilung des Heeres.

Amiral stm. ans frz. amiral von arab. amiru'l ali oder von amir al mâ, der Admiral.

Betschelier stm. aus frz. bachelier, ein junger, unvermögender Ritter, der einem andern folgt. Eine Umdeutung des Wortes ist unser baccalaureus. (Ueber die Etymol. cf. Diez s. v. baccalare), eine academische Würde, als ob das Wort herzuleiten sei von bacca und laurus.

Garzûn stm. aus frz. garçon, ein Knappe ohne Pferd; über die Etymol. cf. Diez s. v. garzone.

Hatschier stm. aus ital. arciere, Bogenschütze, Leibtrabant, von lat. arcus.

Cappitain stm. aus frz. capitaine, von lat. caput.

Commendûr stm. aus mfr. commendeour, von lat. commendator, der Befehlshaber, der Comthur.

Pedûn stm. aus ital. pedone, frz. pion, der Laufknappe; die eigentlich französ. Form ist piéton, also scheint pion vielleicht dem Wort espion, aus ahd. speha, der Spion, nachgebildet zu sein.

Rotte swstf. aus mfr. rote, von lat. rupta, Heeresabtheilung. Dazu: rottieren, afrz. aronter, in Ordnungen abtheilen.

Sarjant stm. aus frz. sergeant und dieses aus ahd. scarjo nach Grimm; die bessere Etymol. giebt, glanbe ich, Diez s. v. sergente von lat. serviens.

[**Soldener** stm. Fremdwort? Ich leite das Wort her von dem deutschen seolan, sollen, nicht von dem lat. solidus, als der Münze des Soldes. Für diese Etym. spricht die ahd. Form scoldiner und das afr. Wort scudoiresse. mhd. soldierse, das Soldatenweib.]

Spitalaere stm. pl. aus hospitalarius sc. eques, Ordensritter.

Trappier stm. derjenige Ritter, der für die trapperie zu sorgen hat.

Trupe aus frz. troupe, nach Diez von lat. turba, wie trouble aus turbula. Dazu die Form tropêl stm. aus afrz. troupel, Haufe, Trupp.

Turkopel stm. aus frz. turcople, eine leichte Truppengattung; nach den Türken benannt?

Vende swm. aus ital. fante, von infante in sehr erweiterter Bedeutung, Knabe, Knecht, Soldat zu Fuss (cf. garçon); dazu fanteria Fussvolk, Infanterie.

C. Turnier und Kampf.

Amesiere stf. eine Wunde durch Quetschung. Die Form ist roman., eine Etymol. mir aber nicht bekannt.

Aventiure stf. aus frz. aventure, von lat. adventura, das Abenteuer (Umdeutung).

Baneken schwv. aus mfr. banoier provenc. baneyar, von ahd. panôn, umhertummeln; ritterliche Waffenspiele treiben.

Batteln und **bataljen** swv. aus frz. livrer bataille, dazu die Subst. Batelle, stf. der Kampf, und batelierer stm. aus afr. batailleir, Kämpfer (überall auch p für b).

Buhurt stm. aus dem frz. bouhourt, mlt. behordium und dieses aus dem deutschen hurt, Stoss (hurtig u. frz. heurter), das Eindringen von Schaaren in gleichartige Schaaren des Feindes, auch nur als Spiel geübt.

Enschumpfiren swv. aus ital. sconfiggere, aufs Haupt schlagen, nach Diez von lat. exonficere.

Ermovieren swv. ritterliche Spiele anstellen, aus frz. émouvoir, mit Umdeutung des anlautenden é.

Galopp stm. aus frz. galope, dieses von dem deutschen Stamme laufen, goth. gahlaupan.

Daneben die mhd. Form walapp, also mit Umbildung des rom. g = gu zu germ. w.
Kampf. Kempf, stm. aus lat. campus, der Zweikampf; davon frz. champion und mhd. sebampelûn stm. Raufbold.
Krien swv. krîjier, krîce, stm. aus frz. crier, schreien, besonders Kampfruf, auch Parole, von lat. quiritare, ital. gridare.
Quaschiure stf. Quetschung aus dem afrz. quachier (jetzt cacher), platt drücken.
Leischieren swv. aus mfr. laissier = laisser, lat. laxare, das Ross mit verhängtem Zügel laufen lassen.
Mutieren swv. mutare se. ictum, Kunstausdruck der Fechter.
Parcifant und Persent stm. aus frz. parsuivant, der Herold.
Plân stm. aus afrz. planc, plaine, aus lat. planus, die ebene Fläche; daneben die frz. Formen planie und planiure. stf. besonders Kampfplatz zum Turnier.
Poinder oder poynder stm. aus frz. poindre, von lat. pungere, das Anrennen des Reiters mit gefällter Lanze, das Lanzenstechen; dazu das swv. punieren und das stm. punjûr ein punierender Ritter.
Rabîne stf. aus frz. ravine, von raver, rennen, das vollste Rennen des Streitrosses.
Rasûnen swv. das Heer in Ordnungen aufstellen, wohl ein roman. Wort. Darf man vielleicht an das ital. razza, frz. race von ahd. reiza (ritzen), die Linie, Strich, denken?
Râvît stm. Streitross aus Arabien, aus mfr. arabit (eine Nachbildung zu dem Verbum raver rennen?).
Rôberîe stf. aus afr. rober (mfr. dérober) und diese rom. Form aus ahd. roub = spolium, goth. raubôn, der Raub.
[**Rûte** swf. die Raute, ein term. techn. der Heraldik, das verschobene Quadrat, also kaum von dem lat. Pflanzennamen ruta. Etym.?]
Sambelieren swv. dem Rosse die Schenkel geben, vielleicht (Nebenform schabilieren) von frz. jambe, Bein, allerdings eigentlich Unterschenkel; nach Wackernagel Undeutsch. pag. 56 eine Umdeutung von frz. assembler mit Bezug auf samen.

Storie stf. aus frz. estor, vom deutschen Sturm, Schaar, Gettümmel, Gefecht.
Tjoste stf. aus mfr. jouste, nfr. joûte, das Lanzenbrechen, von lat. juxta, das Zusammenrennen zweier Ritter mit den Speeren, dazu tjostieren und die Umdeutung gejustieren.
Trotte swv. traben, aus ital. trottare, nach Diez von lat. tolutare, einem angenommenen Verbum, abgeleitet von dem adv. tolutim, im Trabe, mit Verwechselung von l und r.
Trunze, trunzûn, stm. aus frz. tronçon, von lat. truncus, Lanzensplitter.
Turnei stm. aus frz. tournoi von tourner (lat. tornus), umdrehen, vom Umdrehen der Pferde beim Lanzenrennen.
Failieren swv. aus frz. faillir, von lat. fallere, verfehlen, beim Stoss mit der Lanze.
Vesperîe stf. Ritterspiele, die am Vorabend eines Turniers abgehalten werden.
Figieren swv. von lat. figere, mit roman. Endung, mit einem Geschoss treffen.
Fôrest stm. aus frz. forêt, mlt. foresta, dazu das Verbum forestare = bannire, proscribere, der Forst. Dann das Erwarten anderer Ritter im Walde zum Zweikampfe, auch ein mit Pfählen eingezäunter Platz, zu Ritterspielen bestimmt; dazu das Verbum forêsten, in einen Wald gehen. Das ganze ist wohl herzuleiten von dem deutschen Föhre, ahd. foraha.

D. Befestigung und Belagerung.

Barbigân stm. frz. barbacane mlt. barbacana, von arab. bârbâk-khaneh, ein Werk der Belagerten vor dem Wall zum Schutze eines Zuganges, etwa wie an den Thoren des römischen Feldlagers.
Kastêl stn. lat. castellum, Burg.
Mauge swf. aus gr. μάγγανον, Kriegsmaschine zum Schleudern schwerer Steine.
Schanze stf. aus ital. scansia, von lat. cancellus Schranke; die Schanze, Befestigung von Holz oder Flechtwerk.
Triboc stm. aus lat. tribochus, Kriegsschleudermaschine.

III. Kunst und Wissenschaft.

1. Kunst.

Blaseniere swv. aus frz. blassonner, ein Wappen malen; nach Diez ist blason eigentlich nicht Wappen, sondern Glanz, Pracht, von engl. blaze, ags. blaese, Fackel abzuleiten.

Busine pusûne swf. aus afr. buisine, von lat. buccina, die Posaune.

Cordieren swv. mit Saiten beziehen, aus frz. corder.

Leis stm. und leisse swm.; wohl entstanden durch Verstümmelung aus Kyrie eléison od. kyrleis, welches allgemein in der Bedeutung von Lied gebraucht wurde; so in den Worten heijerleis stm. ein Lied, das zur Begleitung des Tanzes gesungen wurde, und jâmerleis stm. der Jammergesang.

Lîre stswf. aus gr.l. lyra, frz. lyre, die Leier, dazu das swv. liren, Leier spielen.

Mêlodie stf. die Melodie aus gr.l. melodia.

Muosen swv. musivisch verzieren, aus gr. μουσειόω.

Museke swf. aus gr.l. musica.

Note stswf. aus frz. note, die musicalische Note nach Wackernagel, L. u. L. 234 auch der Text des Liedes.

Pamsel stm. aus lat. penicellum, der Pinsel; dazu das swv. pinsen, malen.

Pardûne stf. eine Art Pfeifen, roman. Endung; Etym.?

Pasturelle stf. eine Sangweise; von pastor, nach Benecke unserem Siciliano ähnlich.

Phîfe swf. aus ml. pipa, ital. piva, Pfeife, ein Blasinstrument; dazu das swm. phîfaere, der Pfeifer.

Plectrûn stm. aus gr. πλῆκτρον, das Instrument zum Saitenschlagen, auch wohl als Stimmschlüssel benutzt.

Prëambel, priamel stf. das Vorspiel, aus lat. pracambulum.

Prôsâ swf. aus prosus, der Nebenform des lat. prorsus, die Rede welche gerade aus geht.

Rotte schwf. ein harfenartiges Saiteninstrument, mit ml. chrotta, mfrz. rote, prov. rota abzuleiten aus dem celt. crwth; dazu rotten swv. auf der Rotte spielen.

Rottumbes (rotumbumbes) stn. ein musikalisches Instrument, das geschlagen und geworfen wurde, ähnlich einem Tambourin. Etwa aus rotte und tamber zusammengesetzt, mit Andeutung an das Verbum tumber = tomber?

Sambûke, sambût, sambiut stf. aus gr. l. sambuca, ein dreieckiges Saiteninstrument (nach Athenaeus von Σάμβυξ, dem Erfinder des Instrumentes genannt?).

Schalmîe f. aus mfrz. chalemel, ufrz. chalumeau, von lat. calamus, die Schalmei.

Schanzûne stf. aus frz. chanson, v. lat. cantio, der Gesang.

Sinfonîe stf. eine Trommel, nach anderen auch ein Blasinstrument, aus gr.l. symphonia.

Singoz kleine Glocke, umgedeutet aus ital. segnuzzo, afrz. umgedeutet in saint, von lat. signum.

Sirêne swf. aus gr. l. Sirenes, ein musikalisches Instrument.

Stive swf. ein musicalisches Instrument, vielleicht herzuleiten von lat. stipa, Rohr (dim. stipula, Halm), ähnlich also dem Worte schalmei.

Sumber stm. aus frz. sombre, Trommel, Pauke.

Tamber, tambûr stm. tabûre, swf. ein Instrument, welches in die Höhe geworfen wird, von dem persischen tambûr.

Tichten swf. aus lat. dictare.

Toiber, toeber stm. der ein Blasinstrument spielt, dazu das Verbum toubieren (besonders von Vögeln), von lat. tuba.

Trumbe, trumme, swf. ahd. trumpa aus frz. trompe, nach Diez von lat. tuba mit eingeschobenem r (wie in tronar von tonare), Trompete, Posaune, Maultrommel, Laute; dazu die Ableitungen: trumpett (frz. trompette), trûmpter und trûmeter; auch aus ital. trombone nhd. trumbunacre.

Vers stm. aus lat. versus, der Vers, die Strophe.

Vîdele und vigele swf. aus lat. fides, fidicula, ein Saiteninstrument, die Violine, oder nach Wackernagel aus mfrz. viel, ufrz. vielle, Leier, von lat. vitulari, ein Freudenfest begehen (daher auch die Bedeutung „lustig" in unserem „fidél").

Floite swf. aus ital. flauto, frz. flûte, von lat. flatus, die Flöte.

Folâte stf. eine fröhliche Gesangweise, aus afrz. fol (fou), närrisch, possenhaft.

Zimbel stm. die Zimbel, ein musikalisches Instrument, aus zwei Becken zum Zusammenschlagen bestehend; aus gr. l. cymbalum, von κύμβη, Becher, Schale, Vertiefung, dann auch in der Bedeutung Glöckchen. Das Wort Zunnêl stn. die Schelle am T

bourin ist wohl nur eine verderbte Form des Wortes Zimbel.
Zitere (zitöl) swf. aus gr. l. cithara; dazu zitarphin, aus lat. cittara und pinna (Nagel), das Plectrum.

2. Wissenschaft.

A. Allgemeines aus der Wissenschaft, philosophische Begriffe.

Arguwieren swv. aus lat. arguere, beweisen.
Astronomie stswf. die Sterndeutung, dazu astronomierre, der Astrolog.
Bermint ahd. pergimin stn. aus Pergamena sc. charta, das Pergament.
Dialektike stf. die Dialektik von διαλέγειν.
Disputázje swf. aus lat. disputatio, Disputation.
Elemënt stm. n. aus lat. elementum.
Glôse st. n. swf. aus gr. l. glossa, die Auslegung.
Historje und Storie aus lat. historia, Geschichte, Erklärung.
Jêometri stf. die Geometrie, aus gr. l. geometria.
Isse stn. das Wesen, aus lat. esse.
[Clam adj. hell, besonders vom heiteren Himmel; dazu das stf. clamanie, der heitere Himmel, wohl besonders zu astrologischen Beobachtungen. Etym.?]
Colley stn. das Collegium.
Krônike f. aus gr. l. chronika, die Chronik.
Latine stf. aus latina sc. lingua, das Latein (der deutsche Ausdruck ist bouchisch).
Liberie stf. aus lat. liber, die Bibliothek.
Loyca aus logica, etwas schwer verständliches.
Lune stf. aus lat. luna, der Mond.
Matërje stswf. aus lat. materia, der Stoff.
Natûre natiure ahd. natûra stf. aus lat. natura, daneben auch aus frz. nature.
Parabelle swf. aus griech. παραβολή, einer der Kegelschnitte.
Përsône stswf. aus lat. persona, die Person.
Schuole stf. aus lat. schola, der Schulunterricht, dazu schuolpfaffe, schuollich (theoretisch), schuolaere etc.
Sillabe swf. aus gr. l. syllaba, die Sylbe.
Spêra stf. aus gr. l. sphaera, die Kugel.
Studierung stf. das Studieren.
Substancje stf. aus lat. substancia, der Stoff.
Tabulête swf. eine Tafel, auf welcher der Lauf der Planeten verzeichnet war, von bulata.

Titel stm. aus lat. titulus, die Aufschrift der Bücher.
Translatiôn swf. aus lat. translatio, die Uebersetzung, dazu das swv. transferieren.
Urens aus lat. oriens; dazu die Umdeutung Orion, als Morgenstern.
Fabele stswf. aus lat. fabula, Erzählung, Märchen, dazu Fabelsager, Märchenerzähler.
Figure stswf. aus lat. figura, die Gestalt.
Virilie aus lat. vergiliae, das Siebengestirn (Plejaden).
Forme stswf. aus lat. forma, die Gestalt.

B. Thiere.

Albel stm. der Weissfisch, aus lat. alburnus, sc. cyprinus.
Ant ahd. anat, stm. von lat. anas, die Ente; roman. weil vom Stamme gebildet.
Aoster stf. aus lat. ostrea, die Auster.
Aspis stm. gr. l. aspis, Natter, Viper; jetzt der allgemeine Name aller giftigen Schlangen.
Bars stm. aus frz. perche, lat. perca, der Barsch, ein Flussfisch.
Busant und busâr stm. aus frz. busard, von mlt. busio, lat. buteo, die einzige Falkenart, welche nicht zur Jagd abgerichtet wurde.
Drâck aus gr. θηριακόν, Ungeheuer, gerade wie auch bestia als Name eines bestimmten Ungeheuers verwendet worden ist.
Elefant ahd. hëlfant, stm. aus gr. l. elephas davon mit Veränderung der Bedeutung angewandt auf das andere ausländische Thier von bedeutender Grösse, das Kameel, in der Form olbende, stswm. afrz. olifant.
Ëllent stm. die Hyäne, dazu die Formen ellentin, ellinsin und die Umdeutung elintusel. Ich leite das Wort ab von lynx, zusammengesetzt mit dem ahd. ali, welches sich in Elend, ahd. alilanti = elilenti = ellent findet, so dass ëllent also heissen würde ein fremder Luchs; gewiss konnte man auch besonders nach dem Aussehen des Kopfes die Hyäne so nennen. Was nun die Form ellintesel betrifft, so ist sie wohl entstanden aus der Ableitungsendung isale, wie in ahd. amisala zu mhd. amesel. Einen Beweis finde ich auch noch in dem Namen des Edelsteins Linceise.
Esel stm. wohl dem lat. asinus nachgebildet.
Gabilûn (gamalîôn, gampilûn) stn. ein Seeungeheuer, Seepferd? Nach Grimm von κάμπος, ἱππόκαμπος, Haifisch und Walfisch; ich glaube, schon der Form wegen liegt es näher an griech. χαμαιλέων zu denken; ein

Thier, welches schon bei den Alten ganz und gar ins Gebiet der Fabel gehörte, von dem Democrit nach Plin. 28, 112 unter anderem erzählt, dass es so gross sei, wie ein Crocodil; λέων heisst auch nicht nur der Löwe, es wird damit noch eine Schlangen- und eine Krebsart bezeichnet, so dass χαμαιλ. eigentlich also heisst: Erdkrebs.

Galander swm. die Haubenlerche, besser aus lat. caliendrum, der Haarputz, als aus χαραδριός, der Brachvogel, dem gerade das wesentliche Merkmal des Vogels, die Haube fehlt. Da die Haubenlerche kein Zugvogel ist, konnte sie den Griechen und Römern gar nicht eher bekannt sein, als ihren nördlichen Nachbarn, bei denen sie heimisch ist; ich halte es daher für viel wahrscheinlicher, dass man den Vogel nach seinem auffallenden Kopfputz benannte. frz. calendre, ital. calandra. Cf. Diez s. v. calandra.

Chape swm. aus lat. capito, der Uebersetzung des griech. κέφαλος, ein grossköpfiger Meerfisch, Quappe, Kaulbars.

Kappe swm. der Kapaun, aus lat. capo und cappus (gr. κάπων).

Karadrius stm. der Brachvogel, aus gr. χαραδριός von χαράδρα, Schlucht.

Karpfe ahd. charpho, swm. aus gr. l. cyprinus, eine Karpfenart.

Castrûn stm. rom. wegen der Endung von lat. castrare, ein castrirter Widder.

Cocatrille swm. aus gr. l. crocodilus, das Crocodil.

Lebart stm. aus gr. l. leopardus, der Leopard; es ist wohl etwas anderes mit dem Namen gemeint, als wir heute damit bezeichnen; vielleicht ein Bastard von Panther und Löwin, welche nach Plin. 8, 43. ziemlich häufig gewesen sein müssen und die stets ohne Mähne waren; oder ist vielleicht zu Anfang eine andere Species der Gattung Felis gemeint, die in Arabien, Indien, Afrika lebende Felis jubata, mit einer Art Mähne?

Lewe swm. ahd. lewo, lêwo, lêo, ans lat. leo, der Löwe.

Lir swm. aus frz. liron = lérot, von dem St. des lat. glis, mit Weglassung des anlautenden g, die Haselmaus.

Lisis eine giftige Schlange (frz. lisse, aus gr. λισσός ahd. lisi?).

Lunze swf. aus ital. lonza, frz. mit weggeworfenem Anlaut once (l als Artikel angesehen) von lynx, gewöhnlich Löwin übersetzt, irgend ein Thier aus dem Katzengeschlecht.

Merlin stn. aus lat. merula, die Amsel; dazu die Zusammensetzung meramsel, aus merula und ahd. amisala, ein Fisch, die Schmerle mhd. auch Merl : aus frz. émerillon, prov. esmirle, it. smerlo, einer Verstärkung des lat. merula.

Monicirûs stm. das Einhorn aus gr. μονόκερως.

Mûl stm. aus lat. mulus, der Maulesel.

Muntunzel stm. ein Wurm mit regenbogenfarbiger Haut; das Wort scheint rom. Ursprungs zu sein. Etym.?

Murmendin (ahd. murmenti) stn. ans ital. marmontana, frz. marmotte, von lat. mus montanus, nhd. umgedeutet in Murmelthier.

Musche swm. aus frz. mouche, von lat. musca (cf. frz. moineau, afr. moisnel, von einem lat. muscio, aus musca abzuleiten; Scheler vergleicht das deutsche Grasmücke); ein kleiner Sperling.

Natere swf. aus lat. natrix, die Natter.

Neitûn ein grüner Wurm mit stahlharter Haut. Etymol.?

Panter pantier, pardel stn. ans gr. l. pardus, pardalis, der Panter.

Papegân stm. aus arab. babga, der Papagei.

Pfâwe swm. aus lat. pavo, der Pfau.

Phinne stf. aus lat. pinna, die Steckmuschel, welche mit ihrer Spitze nagelartig im Sande steckt, daher denn auch die Bedeutungen Nagel und Finne.

Ruppe ahd. ruppa, aus lat. rupita, Aalrappe, cf. Armbrust.

Rutel swf. von lat. rutilus? Name einer Schlange.

Salman, salamander stm. aus gr. l. σαλαμάνδρα; man hielt das Thier für unverbrennlich; nach der Sage ward aus seinem Haare ein unverbrennlicher Stoff gewebt (das Salamanderhaar). Man meinte damit Zeuge, die von dem fasrigen Asbest noch heute gefertigt werden (Asbestos amiantus) und allerdings unverbrennlich sind.

Salme ahd. salmo, aus lat. salmo, der Salm.

Samamit stm. ein salamanderähnliches Thier, wohl nur eine Verstümmelung von Salamander, vielleicht aus einer abgeleiteten Form Sahamandrit zu erklären.

Serpant stm. aus frz. serpent, von lat. serpens, die Schlange, Drache, Lindwurm.

Sittich stm. aus gr. l. psittacus, der Papagei, mit Wegfall des p. wie in psalm und salm.

Scorpiôn stm. aus lat. scorpio, goth. skaurpjô, der Scorpion.

Star swm. der Staar, aus lat. sturnus, daneben nach Ziemann auch die Form storn.
Strûz stm. Strauss, aus gr. l. struthio (th = t).
Taphart stm. ein Thier, wie es scheint aus dem Katzengeschlecht; gewöhnlich mit Leopard erklärt; das Wort ist, denke ich, herzuleiten aus ndd. tappe, frz. tape, die Pfote; dazu gehörig das ital. Verbum zampa, mit der Pfote hauen: ich nehme also an, das Volk habe von dem besonders auffällig ausgebildeten Körpertheile das ihm fremde Thier in der eigenen Sprache benannt.
Tarant stm. aus lat. tarantula, Scorpion; dann auch das Sternbild und eine Kriegsschlendermaschine. Ist der Name von der Stadt Tarent abzuleiten, weil im südlichen Italien besonders häufig die Tarantel vorkommt?
Tromedar stm. aus lat. dromedarius, von dem griech. adj. δρομάς, schnellaufend (δρομοκάμηλος, das Dromedar).
Vâsân vâsant stm. aus frz. faisan, von lat. phasianus; dazu die Undeutungen phaseban und phaseluon, der Phasan.
Fênix stm. der Vogel Phoenix aus gr. l. phoenix, mit rom. Endung, daneben die Form Fênix.
Vipper stm. aus lat. vipera, Schlange, Natter.
Wiseut stm. gebildet aus der rom. Form des gr. l. bison, ital. bisonte, frz. bison, ahd. wisunt, der Büffelochse.
Celebrant stm. ein fabelhafter Fisch; Wackernagel vergleicht gr. l. chelydrus und lat. coluber, ich glaube er hat mit der zweiten Vermuthung das richtige getroffen; unser deutsches Wort ist aber nicht direct aus coluber gebildet, sondern aus der rom. Form: frz. conleuvre, span. culebra.

C. Pflanzen.

Alber stf.? aus ital. albero, von lat. arbor, Schwarzpappel.
Aloë ans gr. l. aloë, die Aloe.
Anis stn. aus lat. anisus, gr. ἄνισον, der Anis; eine Art der Pimpernell (Tragium anisum).
Arnzboum stm. aus lat. acernus, Ahorn; daneben die Form Arlzboum, die Dürlitze od. Dürle (Dürlitze also wohl eine Zusammensetzung von Dürle und Arliz).
Arweiz, erbiz, stf. aus gr. ἐρέβινθος, die Erbse, mit Verwechselung von th und t (cf. minza).
Baldrián Name einer Pflanze, frz. valériane, aus lat. valeriana.
Basilie swf. eine asiatische Pflanze aus gr. βασιλικόν, auch Persicum genannt, daraus schliesst Plinius h. n. 15, 87, dass die Heimath dieser Pflanze Persien sei. Das Basilicum ist ausgezeichnet durch schönen Geruch, besonders bas. monachorum; mit diesem Namen ist zugleich der Weg des Eindringens der Pflanze nach Europa gezeigt.
Batônje stf. vielleicht die Schlüsselblume, aus lat. vettonia, nach Plin. von einer spanischen Völkerschaft, den Vettonen, genannt, weil in deren Land wachsend; eine im Alterthum vielfach angewandte Arzeneipflanze.
Berhtram eine Species der römischen Camille, Anthemis pyrethrum, deren lange, fleischige Wurzel von heissigem Geschmack ist, daher der griech. Name πύρεθρον, später auch πυρίτις; die deutsche Form ist eine Andeutung an den deutschen Namen Bertram.
Bibinelle f. eine Pflanze, heute Pimpernelle genannt; mit würzhaftem Geschmack der Wurzel. Darf man wohl an den von Plinius angeführten Namen Piperitis (oder Siliquastrum) denken?
Bir stf. ahd. pira, aus lat. pirum, die deutsche Form vom plur., daher missverständlich feminin., die Birne.
Bizerût stn. aus lat. beta, der Mangold, eine Salatpflanze, dazu gehörig die Runkelrübe, frz. betterave, engl. beetrave.
Boretsch aus frz. bourrache, lat. borrago, eine aus Asien stammende Pflanze, die bei uns aber verwildert ist, der Borretsch; zu Salat benutzt.
Burzel aus portulaca, Portulak.
Eppe aus lat. apium, der Eppich, eigentlich also wohl Bienenkraut von apis; in verschiedenen Species bekannt, so als Apium Petroselinum, Petersilie [Sellerie aus dem zweiten Theile des Wortes Petroselinum (gr. σέλινον, der Eppich) verderbt (apium graveolens)].
Gamaudré aus frz. germandré, von gr. l. chamaedrys; nach Plin. 24, 130. hiess die Pflanze auch Teucria; daraus ist bei uns der Name der Gattung Teucrium geworden. Nach Plin. hat die Blüthe rothe Farbe, es scheint also von ihm die heute Teucrium Botrys genannte Species gemeint zu sein, da Chamaedrys gelbe Blüthen hat.
Gamille swf. aus gr. χαμαίμηλον, nach Plin. 22, 53. so benannt wegen ihres Geruches, der dem des Apfels gleich sein soll, also eigentlich Erdapfel, die Camille, frz. camomille.
Gloye swf. dazu östergloye, aus frz. glaive von lat. gladiolus, der Allermannsharnisch,

gladiolus communis; da aber die Blume als veilchenfarbig bezeichnet wird, so ist wohl eher an die nahe verwandte Gattung Iris, Schwertlilie, worauf ja auch der Name deutet, zu denken. Dazu kommt, dass die Wurzel der Iris florentina, in Südeuropa heimisch, knollenartig gestaltet ist und zu Zahnpulvern und Brusttheee verwendet wird, während Plinius 21,107. genau dasselbe von der damals gladiolus genannten Gattung erzählt.

Karte swf. die Kardendistel. aus lat. carduus, frz. chardon, deren 3–4 Zoll lange, mit gekrümmten Stacheln besetzte Saamenkapseln in der Weberei zum Kratzen des Tuches benutzt werden; also ist nicht an ein wirkliches Weberinstrument zu denken, wie in den Lexicis als zweite Bedeutung des Wortes bemerkt ist.

Kastâne stf. aus gr. l. castanea (καστανον), frz. châtaigne, die Kastanie, dazu chestenbomn, der Kastanienbaum.

Chervulle stf. aus cerefolium, Kerbel, frz. cerfenil, engl. chervil.

Kicher stf. aus lat. cicer, Kichererbse.

Collander, collinder, stm. aus lat. coriandrum von gr. κορίαννον, wegen des wanzenähnlichen Geruches von κόρις, Wanze. Dazu gehört die Umdeutung colegras, der Coriander.

Kôl stm. aus lat. caulis, der Kohl (o rom.).

Kriese stf. Kirsche, aus lat. cerasus.

Küm, kümich, ahd. chumi, stn. aus lat. cuminum, Kümmel.

Kürbiz stm. aus lat. curcurbita, mit Verschiebung des t.

Kütten ahd. chuttina, stf. von ital. cotogna, aus cydonia (sc. pinus), von der Stadt Cydon auf Creta, die Quitte.

Latoch, Latech, leteche, bleteche und latûn aus lat. lactuca, frz. laitue, der Lattig, Salat eigentlich alle milchreichen Pflanzen von lac.

Lilje swstf. aus dem plur. des lat. lilium gebildet, die Lilie, frz. lis, engl. lily; dazu die mhd. Form gilge ital. giglio.

Linse stswf. aus lat. lens ohne rom. Einfluss, weil nicht vom Stamme gebildet, also sehr frühzeitig aufgenommen.

Lôrboum stm. aus lat. laurus, der Lorbeerbaum, frz. laurier, engl. laurel.

Mandel swf. aus ital. mandola, von gr. l. amygdala.

Margrât Name eines Baumes; ist vielleicht an den Margarethenbirnbaum, Pirus favoniana zu denken (Plin. 15,54)? Nach Wackern. Umd. pag. 37 ist es abzuleiten von malum granatum.

Meerrettig stm. aus lat. armoracia (sc. cochlearia) mit Umdeutung in Bezug auf radix. Dazu mit derselben Bedeutung das Wort krên, stm. aus slav. ren, russ. chren.

Minze swf. aus gr. μίνθα, nach Plin. später ἡδύοσμος genannt, lat. mentha, frz. menthe, engl. mint; die Minze (Pfeffer-, Krause-, Wald-, Sumpfminze etc.).

Mülber stm. mûrber, aus morum, Maulbeere, dazu môraz stm. und stn. ein süsses Getränk von Maulbeersyrup, aus trz. morés, dessen frühere Form gewesen sein muss morats, von lat. moratum.

Nardus, narde, m. aus lat. nardus (der Zuname πιστικός, ächt, gilt nur für die Salbe), eine im Orient wachsende Grasart mit wohlriechender Wurzel, von Plin. als feinstes Parfume bezeichnet: dazu die Verbindungen spicanarde und nardespicke, der Lavendel (lavendulum spica), wegen seines nardenähnlichen Geruches.

Negelin n. kleiner Nagel, dann die Gewürznelke, also von der Gestalt hergenommen; dann die Blume Nelke, genannt nach ihrem Geruche, der dem der Gewürznelke ähnlich ist.

Olive swf. der Oelbaum, von lat. oliva zu oleum.

Palme swm. der Palmzweig, aus lat. palma, nach Plin. wegen der Stellung der Zweige nach palma, die flache Hand benannt (?).

Pelzön swv. aus prov. empeltare, lat. impellitare, propfen.

Petersilie stf. aus lat. petroselinum.

Phenich stm. aus lat. panicum. der Fenchel.

Pfërsichboum stm. aus lat. Persica sc. arbor, frz. pêche, engl. peach, der Pfirsichbaum; der Name schon deutet auf die Heimath, cf. Plin. 15,44.

Pfifferline stm. eine Pilzart, aus lat. piperatus (sc. agaricus) wegen seines beissenden Geschmackes.

Phlanzâ swf. aus lat. planta, die Pflanze.

Phlûme ahd. phrûmâ, swf. Pflaume, lat. prunum (vom plur.).

Phrofa stf. aus lat. propago, das Propfreis.

Pineboum stm. aus lat. pinus, Fichte.

Puleie f. aus lat. pulegium (mentha pulegium), Poleiminze; manchmal wohl verwechselt mit pulicaria, Flohkraut.

Ratich stm. aus lat. radix, der Rettich.

Rave ahd. rabâ, swf. aus lat. rapa, Rübe.

Reubarber stm. aus rhabarbe, verderbt aus lat. rhabarbarum; von Ρᾶ, Name der Wolga, und barbarum; so genannt weil von der Wolga diese Wurzel bezogen wurde.

Ris stm. aus gr. l. oryza, der Reis.

Rôse stswf. die Rose, aus lat. rosa.

Salbeie swf. aus lat. salvia, die Salbei, frz. sauge, engl. sage.

Scharleie stf. scheint verschiedene verwandte Pflanzen bezeichnet zu haben, aus scariola?

Sên stf. aus lat. senecio, der Senesbaum, Cassia Senna; nach Plin. die Uebersetzung des gr. Namens ἐριγέρων, weil es im Frühling eine graue Samenkrone bekommt; von ihm werden die Sennesblätter gewonnen.

Senef ahd. sinaph, aus gr. l. sinapis, der Senf.

Seve f. der Sachenbaum, aus lat. Sabina (Juniperus Sabina), eine Art Wachholder, der in Südeuropa wild wächst, mit starkem Geruch, als Arznei bekannt, nhd. verderbt in Sadebaum, frz. und engl. sabine.

Spinât stm. aus lat. spina, wegen der Stacheln, die an der Frucht sind, frz. épinards, pl.; ähnlich in allen roman. Sprachen.

Tâmris aus lat. tamariscus, tamarix, tamarice: dieses letztere ist wohl die richtigste Form, da das gr. μυρίκη, die Tamariske, in der zweiten Hälfte des Wortes enthalten ist, für die erste Sylbe aber habe ich keine Erklärung.

Tatele f. (phoenix dactylifera) aus frz. datte ital. dattero, von lat. dactylus, die Dattelpalme.

Terbinzine, zerbenzin, stm. der Terpentinbaum, aus gr. τερέβινθος oder besser τέρμινθος, also von μίνθα, Minze, abzuleiten, wegen des Wohlgeruchs des Mastixharzes, welches aus diesem Baume gewonnen wurde und als Räucherwerk diente; zu vergleichen ist der Name des Basilienquendels καλαμίνθη.

Timiân stm. aus lat. thymus, der Thymian, Quendel.

Fâve stf. aus lat. faba, Bohne.

Vîge swf. die Feige, von lat. ficus, dazu das rom. figido, aus ficatum, die durch Feigenmästung erzeugte Gänseleber.

Viol stm. aus lat. viola, Veilchen.

Flôrie stf. die Blüthe, aus frz. fleur (von lat. Stamm flor) abgeleitet.

Wirz (Wackernagel Umdeut. p. 25 Anm.) aus lat. viridia (di = z), der Wirsing oder Wirsch (Savojer Kohl).

Zêder stm. aus lat. cedrus, gr. κέδρος, die Ceder.

Cipres stm. aus lat. cupressus, die Cypresse.

Ziser swf. aus lat. cicer, Erbse. Merkwürdig ist, dass daneben auch die verschobene Form kicher (cf. keller und celle) existirt; wie das Bewusstsein von der Zusammengehörigkeit der beiden Wörter geschwunden war zeigt die Stelle aus Frauenlob: haet ez mit zisern gezzen bôn und kichern, jedenfalls muss man später zwei verschiedene Arten mit dem Worte bezeichnet haben.

Zitelôse swf. Umdeutung aus lat. citamus, die Zeitlose.

Zitwar stm. eine Arzneipflanze (jetzt ist der Samen noch häufig angewendet), aus curcuma cedoaria.

Zwipol swf. aus lat. cepula, umgedeutet mit Bezug auf bulbus, die Zwiebel.

D. Mineralien (Edelsteine).

Abestô m. ein Edelstein. Aus einer Stelle im Lanzelot geht hervor, dass ein unverlöschlicher Stein gemeint ist, es heisst dort: der brinnt êwicliche für daz er einist wirt entbrannt. Jedenfalls ist also der Name herzuleiten aus gr. ἄσβεστος. Dazu scheint mir der Stein bestiôn als Verstümmelung des vorigen zu gehören und das Holz aspindê von dem es in Lampr. Alex. heisst: daz holz daz ist tiure, ez nemac in dem fiure neheine wîs verbrinnen.

Absist ein Edelstein; herzuleiten von ἄψυκτος, dem Namen eines Edelsteines der, nach Plin. 37, 148, einmal erhitzt, sieben Tage lang warm bleibt (cf. lat. absis und apsis). Wegen des st muss man das Wort ansehen als eine Nachbildung zu asbest.

Achâtes stm. ein Edelstein, zuerst auf Sicilien gefunden, nach dem Fluss Achates genannt (oder umgekehrt?).

Adamant stm. der Diamant oder Magnet, aus dem Stamme des lat. adamas.

Agedstein stm. aus gr. ἀκτίς, der Strahl, der Farbenschimmer; also genau übersetzt das deutsche Bernstein (brennen). Gehört dazu der Name der Insel Actania (jetzt Ter Schelling, nördlich vom Znider See)?

Alabanda ein Edelstein; wohl von dem Fundorte, der Stadt Alabanda in Carien genannt, von der Plin. h. n. 37, 25, erzählt, dass in der Nähe Krystalle gefunden werden.

Alabaster stn. der Alabaster aus gr. ἀλάβαστρος; ein jedenfalls ganz anderer Stein, als wir heute mit dem Namen bezeichnen, da man ihn zum Einbalsamiren der Leichname brauchte; das passt auch zu der anderen Anwendung, welche die Alten von dem Steine machten: sie brauchten ihn zu Salbenbüchsen, weil in ihm die Salben sich am besten erhielten.

Alleker stm. aus alectorius lapis, ein Stein krystallinischen Aussehens von der Grösse einer Bohne, von dem man glaubte er werde in dem Magen der Hähne gefunden (griech. ἀλεκτοριών); Milon aus Kroton soll ihn benutzt haben und dadurch unbesiegbar geworden sein. Plin. h. n. 37, 144.

Almetiu stm. Name eines Edelsteines, arab.?

Alûn stn. das Alaun, aus lat. alumen; sehr zweifelhaft erscheint mir aber die Ableitung dieses letzteren von gr. ἄλειμμα = ἄλοιμα die Salbe.

Amber, âmer stm. der Ambra, aus arab. anbar.

Ametiste swm. ein Edelstein, von gr. ἀμέ-θυστος, weil man ihn für ein Mittel gegen den Rausch hielt. Cf. Plin. 37, 124.

Antrax von gr. ἄνθραξ (natürlich glühende Kohle), ein dunkelrother Edelstein, vielleicht Rubin.

Balas stm. eine Art des Rubin; nach seinem Fundorte in der Nähe von Samarkand Badakschan genannt (?); unsere deutsche Form aus frz. balais.

Bëch stn. das Pech, aus lat. pix.

Beloekel stm. belloculus oder belioculus, ein Edelstein, also eigentl. Balsauge, ein weisslicher Stein, der goldglänzende Punkte mit schwarzen Ringen hat.

Berille swm. ein meergrüner Edelstein, oft zu Ringen verwendet, von gr. l. beryllus; ist das Stammwort zu unserem Wort Brille (beryl grözet die Schrift Tit. 11, 58).

Bims stn. der Bimsstein, ahd. pumiz, lat. pumex.

Diadochis ein Edelstein, dem Beryll ähnlich aus gr. l. diadochus, Plin. h. n. 37, 157.

Eljotrôpia ein dunkelgrüner Edelstein, von gr. ἡλιοτρόπιον, hat nach Plin. 37, 165 seinen Namen daher, dass er im Wasser seine grüne in eine dunkelrothe Farbe verwandelt.

Emathîtes ein Edelstein, von gr. αἱματίτης, der Blutstein.

Enîdrus ein Edelstein, vielleicht von griech. ἔνυδρος; wenigstens erzählt Plin. h. n. 37, 190, von einem Steine, den er allerdings „Enhygros" nennt, der vollständig rund sei und wenn er geschüttelt werde, inwendig sich bewege, etwa wie das Innere eines Eies. Das eine Wort wäre also von dem Subst. ὕδωρ gebildet und das andere von dem zngehörigen Adjectivum, ὑγρός.

Epistites ein Edelstein, vielleicht von dem gr. ἐπιστίζω, punktiren (bellockel)?

Gaffer stm. aus pers. kâfur, ngr. κάφουρα der Kampfer.

Galizeustein stm. das Vitriol, aus ungar. galitzkö.

Gâman stm. ein bunter Edelstein. Ist eine Adjectivableitung zu dem roman. Wort für lat. gemma: game, ein Stein, aus dem wegen der bunten Streifen Gemmen geschnitten werden können.

Gimme stswf. aus lat. gemma, der Edelstein.

Granât stm. aus grana (eine rothe Färbebeere, von granum der Kern), ein rother Edelstein.

Hienuîa ein Edelstein. In dem Artik. ellintesel habe ich die Vermuthung ausgesprochen, dass im Mittelalter man den Luchs und die Hyäne zu verwechseln geneigt gewesen sei. Plin. h. n. erzählt nun von der Hyäne zwar eine ganze Reihe von abergläubischen Anwendungen einzelner ihrer Körpertheile, auch der Exeremente, nicht aber von einem Stein, dessen Namen auf die Hyäne zurückzuführen wäre, wie das bei vorliegendem Worte offenbar geschehen muss. Wohl aber hat er die Sage von dem Luchsstein (cf. Lincisse). Ich vermuthe dieser Stein Hienuîa ist nichts anderes, als jener andere, Namens Lincisse, mit einer ebensolchenVerwechselung der Begriffe wie in ellintesel.

Jâchant stm. aus gr. l. hyacinthus, ein rother Edelstein.

Jerrachîtes ein Edelstein, von gr. ἱεραχίτης. Habicht, weil seine Farben denen des Habichts ähnlich sind. Plin. h. n. 37, 167. 187.

Calcedôn stm. aus gr. l. chalcedon, ein blauer Edelstein.

Chammahû aus frz. cammayen, die Camee, und dieses von ml. camma, verderbt aus gemma?

Karfunkel stm. ein feurigrother Edelstein, aus lat. carbunculus, oder carbo, Kohle, natürlich die glühende (= Antrax).

Corniol m. ein rother Edelstein, jetzt der Karneol. Die von Diez angeführte Etymol. von lat. cornu ist mir unwahrscheinlich, da cornu nicht die Hornsubstanz bezeichnet, sondern das Horn, wie es auf dem Kopfe des Thieres ist. Das von ihm angezogene gr. ὄνυξ steht aber in anderem Verhältniss, da es selbst nicht Horn sondern Nagel bedeutet. Ich würde viel eher an den Stamm carn denken und annehmen,

dass das a durch rom. Einfluss (frz. cornalier, span. cornerina) getrübt sei. (Dazu die Zusammensetzung cardonichús?)
Kride swf. aus lat. creta, die Kreide.
Crisoleetor stm. ein Edelstein, χρυσός und ἤλεκτρον. Plin. 37, 127.
Krisolithe swm. auch stm. aus gr. l. chrysolithus, der Topaz.
Crisoprassis ein goldgelber und auch grüner Edelstein, von χρυσόπρασος.
Lapsit ein Edelstein, durch den der Phoenix aus seiner Asche ersteht (ein anderer Name für Grâl?). Etym.?
Lâzûr cf. Sapphir.
Lincisse swm. ein fabelhafter, kostbarer Stein, der aus dem Urine des Luchses entstehen soll; aus lynx mit rom. Endung. Cf. Ilienniâ. Schon die Alten erzählten sich vom Luchs und besonders von der Hyäne die merkwürdigsten Dinge. So ist auch dieser Stein den Griechen schon bekannt als λυγκούριον, oder λιγούριον (dann missverständlich von den Liguriern abgeleitet) etc., den Römern bekannt als ligurius (mhd. ligûrjus stm.). Näheres über solche Kräfte des Luchses s. Plin. h. n. 37, 33 sq. Es scheint eine Art Bernstein gemeint zu sein.
Magnes m. der Magnet, von gr. Μάγνης, von seinem Fundorte, der Stadt Magnesia genannt.
Margerite stf. und **mergriez** stm.; das erste rom. aus margarita, das zweite aus margaritis, eine Umdeutung, die Perle.
Melochites aus gr. μολοχίτης, ein malvenartig (μαλάχη = Malve), grün glänzender Edelstein; eine Verlarvung des Kupfers, jetzt Malachit.
Mergel stm. aus lat. marga, eine Erde zum Düngen, der Mergel.
Onachir ein Edelstein ebenso wie onichús und ónichel wohl herzuleiten von ὄνυξ, ein streifiger Stein, eine Art Marmor.
Opfallies ein Edelstein, vielleicht von dem gr. ὀπαλέος herzuleiten (dieses kommt auch mit πλίνθος verbunden vor), es müsste also vielleicht eine Schlacke sein.
Orchaleh aus lat. aurichalcum, mit der Nebenform orichalcum; das gr. ὀρίχαλκον, Bergerz ist nur eine Umdeutung der lat. Nebenform; das Messing.
Orites stm. aus gr. l. oritis, ein Edelstein, auch sideritis genannt. Plin. 37, 176. Etym.?
Orperment stn. aus lat. auripigmentum, eine schwefelgelbe Arsenikerde, von den Malern angewendet.

Panthers stm. ein Edelstein; ich glaube es ist das nur eine andere Form des Namens pardalios (Plin. 37, 190.), so dass sich also Pardel zu Panther verhält wie Pardalios zu Panthers.
Peaniles eine Edelsteinart, von lat. paeanitis od. paeanitis, in Macedonien gefunden, dem Eise ähnlich.
Pirrites ein Edelstein, von gr. πυρίτης, eigentl. also Feuerstein; dann aber auch zur Bezeichnung eines schwarzen Edelsteins dienend.
Präsem stm. aus griech. πράσιος, ein grüner Edelstein.
Rubin stm. aus lat. rubinus, von seiner rothen Farbe benannt; verschiedene Abstufungen: karfunkel, balas, rubasses, rubacellen.
Saffir stm. aus σάπφειρος oder σάμφειρος der Sapphir; derselbe Stein führt noch den Namen lâzûr, aus pers. lazûr, daher lapis lazuli, frz. azur, mit Weglassung des l zu Anfang, welches man als Artikel ansah.
Sami ein Stein auf der Insel Samos gefunden.
Sardin stm. aus gr. l. sardonyx (nach Plin. h. n. 37, 86. = sarda, Carneol und ὄνυξ).
|**Schmelz** stm. das Schmelzglas, frz. émail. Die Etym. ist streitig, ich halte mit Diez s. v. smalto das Wort für deutsch von schmelzen.|
Smaragt, **smarât** stm. der Smaragd, aus gr. l. smaragdus.
Tobel stm. ein Edelstein, ob eine Verstümmlung von Topaz?
Topazius m. der Topas von gr. l. topazius. Jedenfalls ein anderer Stein, als der heute so genannte. Sein Name herzuleiten von einer Insel Topazos im rothen Meere? cf. Plin. h. n. 37, 107. sqq.
Tupstein stm. aus lat. tofus, der Tuffstein; roman. ist die Weglassung der Aspiration. Umgedeutet zu dem mundartl. Tauchstein.
Turin stm. ein Edelstein; es ist wohl der weihrauchfarbige Stein Namens libanochrus (λίβανος der Weihrauch) gemeint, so dass also turinus eine Adjectivbildung von tus wäre. Cf. Plin. h. n. 37, 171.
Turkel auch turkoys stm. aus rom. turchese frz. turquoise, der Türkis, ein Stein aus Ostpersien, der über die Türkei nach Europa kam und daher seinen Namen bekommen hat.
Unjô f. die Perle von lat. unio.
Fedelgold aus lat. petalum.
Cegôlitus ein Edelstein; der Endung wegen ist das Wort als griech. zu betrachten, für den ersten Theil habe ich keine Etymol.

Celidôn ein Edelstein. Sollte dabei nicht vielleicht zu denken sein an die Steinchen, die man im Magen der Schwalben zu finden glaubte, welche bei den Griechen als Heilmittel angesehen wurden gegen Epilepsie, so dass das Wort herzuleiten wäre aus gr. χελιδών, die Schwalbe (archiater und Arzt, archiepisc. und erzbischof).

Ziment stn. aus frz. cément, von lat. caementum, Bruchstein; die Masse, mit der man Metalle umgiebt, um sie, einer grossen Hitze ausgesetzt, zu läutern.

E. Medicinisches.

Apotêke swf. aus gr. ἀποθήκη, die Apotheke (neben boteche).

Arzât stm. der Arzt, nach Wackernagel aus gr. l. archiater, das archi in derselben Bedeutung wie in archipirata, architecton, Erzbischof etc., nach anderen aus artista.

Barle stn. aus gr. παράλυσις. Gliederlähmung.

Driakel stm. aus gr. θηριακόν, der Baldrian, als Mittel gegen den Biss giftiger Thiere.

Kanker stm. aus lat. cancer, Krebs, als Krankheit; es scheint aber eine andere Krankheit mit dem Worte bezeichnet zu sein, als wir heute damit bezeichnen; der Vergleich scheint von der Langsamkeit der Bewegungen hergenommen und ein Schwächezustand, der den Bewegungen ihre Schnelligkeit nimmt, gemeint zu sein.

Quartâne swm. das viertägige Wechselfieber.

Kristiere stn. aus gr. κλυστήρ, das Klistier.

Lactwërge swf. die Latwerge, frz. électnaire, ital. lattovaro, aus lat. electuarium.

Malâtes aus frz. malade mit dem afrz. s im nominativ, von lat. male aptus, dann afrz. malabde, krank.

Misel adj. aussätzig, aus afrz. mesel von lat. misellus, dazu das subst. misel, der Aussatz.

Morröita verstümmelt aus haemorrhoida.

Opiât stn. eine Arzenei von Opium aus gr. l. opium, der Mohnsaft.

Oximel stn. aus gr. l. ὀξύμελι, eine Flüssigkeit aus Scharfem und Süssem gemischt, besonders Meerrettig; bei den Alten Essig und Honig.

Phipliz stm. aus lat. pituita, eine Krankheit der Hühner, der Pips.

Pflaster stn. aus gr.l. emplastrum, das Pflaster.

Puls stm. aus lat. pulsus, der Puls.

Reuma stn. aus gr. ῥεῦμα, ein im Leibe umherziehender Krankheitsstoff.

Vasche swf. aus lat. fascia, Binde, Windel.

Fenîn stn. aus frz. venin, lat. venenum, das Gift.

Ventûse swf. aus frz. ventuse, von lat. ventosa sc. cucurbita, der Schröpfkopf.

Urinâl n. aus lat. urinal, Uringlas.

IV. Privatleben.

1. Alltägliches Leben.

Der folgende Abschnitt enthält alle die Wörter, welche in die übrigen Kategorien nicht eingeordnet werden konnten. Er ist der umfangreichste, obgleich gerade hier am wenigsten Vollständigkeit erreicht wurde; indessen ist dieser Mangel nur wenig fühlbar, da mit dem angeführten Material der Umfang des fremdländischen Einflusses in dieser Richtung klar genug dargestellt ist.

Abyss stm. der Abgrund aus gr. ἄβυσσος.

Ameiren, amuren, amctaere, amürschaft, amie, belamie (bel, bêle), mamie (= mon amie) etc. von dem frz. aimer, amour.

Alemân adj. aus frz. allemand, deutsch.

Alefanz stm. aus ital. al'avanzo, zum Gewinn, die Hinterlist.

Bastard stm. aus frz. bâtard, von bast, Saumsattel, mit der Ableitungsendung ard, zu vergleichen ist unser deutsches Bankert.

Bovel stm. aus populus, Volk, Gefolge eines Fürsten.

Blasmieren swv. aus afrz. blasmer = blâmer von blasphemare, βλασφημέω, verläumden.

Blunt adj. frz. blond, dessen Etymol. nicht feststeht (von dem ags. blondenfeax (?), mischhaarig, nach Diez von aln. blaund, dän. blöd, sanft, unser bloede).

Brese swv. bürsten; ist herzuleiten aus frz. brosse und dieses wieder aus ahd. burst und brusta.

Brüeren swv. und prüeben, berechnen, erproben; beide zu lat. probare oder mit Wackernagel das erste für bertoven von ruova, Zahl?

Buzzel stn. aus afr. boucel, dem dim. zu ital. buco, afrz. buc, Höhlung; von ahd. bûh, Bauch, Rumpf?

Dilòn (auch t) swv. aus lat. delere, vernichten.

Düren swv. aus lat. durare, dauern, Bestand haben.

Exempel und exemplar, stn. Vorbild, Beispiel.

Gäck stswm. Narr, Geck, entweder von gaehe oder nach Anderen aus einer Verstümmelung des frz. Armagnacs zu arme Gaecken entstanden.

Gambe swm. aus ital. gamba, frz. jambe, das Bein.

Glörje stf. aus lat. gloria, Ruhm.

Gorge swm. die Gurgel, aus frz. gorge, von lat. gurges, Abgrund.

Gramerzi aus frz. grand merci, grossen Dank, dazu merzî, merzîen, vergrâmerzîen.

Hardeiz stf. aus frz. hardiesse, Kühnheit; dazu das verbum hardieren, von afrz. hardier, intrans. eilen und trans. treiben.

Heistiere swv. aus afrz. hastier, hâter, von dem deutschen Hast, eilen.

Höster stn. aus lat. haustrum, das Schöpfrad. Roman. ô für au.

Jänen swv. gewinnen aus frz. gagner, über dessen Etymol. cf. Diez s. v. guadagnare.

Kach stm. aus lat. cachinnus, das laute Auflachen, dazu kachezen, cachinnari.

Quadrieren swv. in Vierecke abtheilen, von lat. quadrare.

Quartier stn. das Viertel, Quartier, aus frz. quartier.

Kalamite f. aus frz. calamité, Unglück; eigentlich sollte das Wort heissen kalamitâte wie karitâte, es ist also nicht aus dem lat. sondern direct aus dem frz. aufgenommen.

Karakter stm. Zug, Figur, aus gr. χαρακτήρ.

Karitâte swf. aus lat. caritas (ahd. caritât stf.).

[**Kawërzin** stn. ausländischer Kaufmann, besonders Italiener, Etym.?]

Klâr adj. hell, glänzend, aus lat. clarus; dazu das swv. klârifieieren, glänzend machen.

Kopf stm. Schale, Becher, dann weil man aus der Hirnschale erschlagener Feinde zu trinken pflegte, auch diese; aus lat. cuppa, frz. coupe, engl. cup, nord. kopp, noch jetzt in der Form Knppchen, kleine halbrunde Tasse.

Kobolt stm. aus gr. κόβαλος, kleiner Berggeist.

Conduwieren swv. aus frz. conduire, begleiten, dazu das subst. condwier, stn. das Geleit.

Crêdeler stm. Frömmler, aus credulus; dazu stf. crêdischeit, Frömmelei und das swm. erêde, der Glaube.

Krêtzem stm. die Schenke, slav. Ursprungs, noch jetzt in der Lausitz gebraucht als Kraetscham.

Crisp adj. kraus, aus lat. crispus.

Culle swm. aus frz. couillon, lat. culeus, gr. κολεός.

Kumber swm. der Kummer; herzuleiten von einem mlt. Wort combrus, entstellt aus lat. cumulus, das Hinderniss; davon das frz. Verbum encombrer, Hindernisse in den Weg legen.

Knuriere swv. aus afr. conréer, pflegen, besorgen.

Cunterfeit adj. aus frz. contrefait, falsch, nachgemacht, dazu das stf. cunterfeit, das Gegenbild, die Falschheit.

Kurbe swf. die Kurbel aus frz. courbe, von lat. curvus (corbeau von corvus).

Curs stm. aus frz. corps, der Körper.

Curteis adj. aus frz. courtois, höfisch; dazu der Gegensatz vilain und törperlich.

Kurz adj. aus lat. curtus, knapp, verkürzt.

lêal adj. aus afr. léal = loyal, treu, aufrichtig.

Lumbe swm. die Lenden, die weichen Theile am Rückgrat, aus lat. lumbus.

Massenîe stf. aus mfr. masnie (maison) von lat. mansio, in der Bedeutung des lat. familia.

Maniere stf. aus frz. manière, von lat. manus.

Melaucoley stf. die Melancholie aus gr. l. melancholia, Schwarzgalligkeit.

Mene swv. aus frz. mener, ital. menare, lat. minari, das Bedrohen des Viehes beim Forttreiben desselben, dann das Treiben und Führen selbst.

Môr stm. aus lat. Maurus, der Mohr.

Muntâne stf. aus frz. montagne, Berg.

Muster stn. aus ital. mostra, von lat. monstrare, das äussere Ansehen eines Dinges.

Narre swm. aus ml. nario, der Spötter, da schon im class. Latein naris als Mittel zum Ausdruck des Hohnes und Spottes angesehen wurde; auch frz. nare, Verspottung.

Nebel stm. aus lat. nebula.

Nigromanzîe stf. die schwarze Kunst, eine Umdeutung des gr. νεκρομαντεία; νεκρός also für lat. niger angesehen; frz. magie noire und magie blanche.

Nohturn adj. aus lat. nocturnus, nüchtern.

Norme stf. aus lat. norma, Regel; dazu das swv. normen, ordnen.

Nose swv. schaden, aus frz. noise, von lat. noxa.

Or, ûr stf. aus lat. hora, die Stunde; daneben die Form hôre, von demselben lat. Worte zur Bezeichnung des Gottesdienstes in den Klöstern.
Pâr stn. das Paar, aus lat. par, frz. paire.
Parât stf. die Bereitschaft zum Empfange eines Gastes aus lat. paratus.
Parân stm. der Verwandte aus frz. parent.
Parlament stn. Versammlung zur Besprechung, Disputation, frz. parlement; dazu das Verbum parlieren, aus mfrz. paroler, von lat. parabolari, $\pi\alpha\rho\alpha\beta o\lambda\dot{\eta}$.
Pensen prt. panste, aus frz. penser, von pensare, dem frequent. von pendere, abwägen, denken.
Pêrsône swf. lat. persona, die Person.
Pherch und **pherrich** stm. aus mlt. parricus, Umzäunung, und der umzäunte Ort, frz. parc.
Pfreit adj. aus lat. paratus, bereit.
Pfuol stn. aus lat. palus mit Ablautung, der Pfuhl.
Phetze swv. aus ital. pizzicare, zwicken.
Pfinztac stm. aus gr. $\pi\acute{\epsilon}\mu\pi\tau\eta$, der Donnerstag. Zu Tac eine ganze Reihe ähnlicher Compos. deren fremder Theil anderwärts schon aufgeführt ist.
Phitonisse stf. Wahrsagerin, aus gr. $\pi v \vartheta \iota \acute{o}\sigma\sigma\alpha$ von dem alten Namen von Delphi $\Pi v \vartheta \dot\omega$.
Pin stm. pine swf. aus lat. poena, die Qual, eifrige Bemühung, frz. peine.
Pitit adj. aus frz. petit, klein, von dem rom. Stamm pit, der erhalten ist z. B. in dem afrz. pite, eine sehr kleine Münze. Cf. Diez s. v. pito.
Plat (blat) adj. ahd. flaz (goth. platja) von $\pi\lambda\alpha\tau\acute{v}\varsigma$ (dazu das nhd. Platz von franz. place), flach, eben.
Premis stn. Klemme, Knebel, von lat. premere.
Präerie f. die Wiese, aus frz. prairie, von lat. prataria, pratum.
Presant stm. aus frz. présent, von lat. praesentare (daneben die Formen présent und prîsant, mit der rom. Verwandlung des e zu i), die Gabe, das Ehrengeschenk; wohl auch das dem Fürsten regelmässig gegebene Geschenk, da es mit Zinsrecht zusammengestellt wird.
Pris stm. aus frz. prix, von lat. pretium, Lob, Ruhm, Herrlichkeit.
Pulver stn. von dem Stamm des lat. pulvis, der Staub, dann besonders die Asche des verbrannten Körpers.
Pûr adj. aus lat. purus, unverfälscht.

Reben swv. aus dem frz. rêver, träumen, von lat. rabies, mit der Grundbedeutung des Irrsinns. Der ^ ist also nur Dehnungszeichen, da das e für ai steht; er ersetzt aber nicht ausgefallenes s, wie gewöhnlich (engl. to rave).
Riant frz. riant, lachend.
Ribald stm. aus frz. ribaud, Landstreicher, eine Masculinableitung von dem ahd. fem. hriba, prostituta, nicht aber wie Grimm wollte von ahd. reginbald. Cf. Diez s. v. ribaldo.
Rivier stm. der Bach, aus frz. rivière, von riparia, also eigentlich Ufergegend, wie noch in ital. riviera etc. unserem Revier. Diese Bedeutung ist übergegangen auf rivage, das Ufer.
Rotsche oder **rosche** swf. gewöhnlich zu rutschen gestellt, ist herzuleiten aus frz. roc, mit seiner Femininform roche, Felsen.
Runt adj. aus frz. rond, rund (cf. blunt, blond).
Ruffiân stn. aus ital. ruffiano, frz. ruffien, Lotterbube, Kuppler; die Etym. nicht sicher, cf. Diez s. v. ruffiano.
Rumôr stm. aus lat. rumor, Lärm, Gerücht.
Sallinre stf. die Spötterei, von frz. salure, Salzigkeit, mit der Bedeutung des lat. sales.
Sâluieren swv. grüssen, frz. saluer.
Schamel stm. aus lat. scabellum dem dimin. von scamnum = scaboum, der Fusstritt an Frauensätteln.
Schamezieren swv. (minne din gebintet, daz din vogen sch.); vielleicht aus charmer oder aus scharmützel, verstümmelt?
Schirre stn. scheint in der Redensart „ime guot schirre tuon", frz. chère, afrz. chière, von rom. cara ($\varkappa\acute\alpha\rho\alpha!$), Antlitz, herzukommen.
Schumpfentiure stf. der Unfall, aus ital. scomfittura, von sconfiggere, aus lat. exonficere, aufs Haupt schlagen; dazu die umgedeutete Form schimpfentiure.
Seife f. aus lat. sapo, frz. savon, wohl mit Anbildung an das swm. seife, Bach zum Answaschen der Metalle: die Seife.
Série stf. die Reihe, lat. series, frz. série.
Sicher adj. aus lat. securus, frz. sûr.
Siffeln swv. aus frz. siffler, von lat. sifilare, einer Nebenform von sibilare, pfeifen.
Simel adj. lat. similis (frz. eigentlich semble, durch Ableitung semblable, also von similabilis), ähnlich. Dazu semblanze, Aehnlichkeit, Schein, aus frz. semblance.
Simpel adj. aus frz. simple, von lat. simplex, einfältig.

4

Sodâle swm. der Genosse, aus lat. sodalis.
Sol stf. Fusssohle, aus lat. solea, von solum, Boden.
Soniere swv. aus lat. sonare, tönen.
Sote adj. aus frz. sot, thöricht; nach Diez von dem syrischen schoteh, thöricht.
Spit stm. frz. despit = dépit, engl. spite, von lat. despectus, Hohn, Aerger; dazu das adj. spitisch.
Spitâl stn. aus lat. hospitale, das Hospital.
Spousieren swv. lat. despondere, den Freier spielen, dazu stm. spousierer, und stf. spunserie.
Spunse swf. aus lat. sponsa, die Braut, Gattin.
Stolz adj. aus lat. stultus.
Süber adj. sauber, aus lat. sobrius.
Subtilheit stf. die Genauigkeit, aus lat. subtilis, von sub talo = ima pars pedis (?) oder von subtexilis, fein gewebt.
Teilieren swv. aus frz. tailler, ital. tagliare, von lat. talea, abgeschnittener Zweig, theilen; oder nur das deutsche Verbum theilen mit rom. Endung? Dazu telere swm. Teller und talier stm. Schneider.
Tempereu swv. aus lat. temperare, gehörig einrichten; dazu die substant. temperie und temperunge, stf. gehörige Mischung, Arznei.
Terminôn, tirmen und tormen swv. aus lat. terminare, bestimmen.
Terre stf. aus frz. terre, Erde, Land.
Terzie swf. die neunte Stunde des Morgens nach der alten Eintheilung.
Titulôn swv. aus lat. titulare, benennen.
Torriure stf. Strom, Giessbach; gebildet von dem zum subst. gewordenen partic. torrent, lat. torrens.
Torze, torsche swf. aus frz. torche, ital. torcia, Fackel, Docht; von dem aus dem Part. tortus ungebildeten Verbum tortiare.
Trippânierse swf. vielleicht zusammenhängend mit frz. tripot, prostituta.
Trebenôn swv. aus lat. tribulare, quälen; dazu das subst. tribliân, Quälerei (trimmebolt hierher gehörig?).
Tumbrêl ein zweirädriger Karren, dessen Kasten zum Ausschütten umgestürzt werden kann, von frz. tombereau, dessen' alte Form gewesen sein muss tomberel, von tomber, fallen. Nicht dazu zu gehören scheint mir das Wort
Tumelaere stm. Schleudermaschine; dieses letztere wird wohl besser zu dem swv. tûmen, im Kreise drehen, gestellt, unser taumeln; afrz. tumer = danser, davon ist das mhd. tümerschin stf. die Tänzerin abzuleiten, afr. tumeresse.

Underparriereu swv. untermischen; mit lat. parare, frz. parer, zusammenhängend?
Urlei stn. aus gr. l. horologium, das Uhrwerk.
Vackel stswf. die Fackel, aus lat. facula.
Facultêt stf. die Fähigkeit, aus mfrz. facultet, lat. facultas.
Valsch adj. aus mfrz. fals, faux, lat. falsus; dazu das stm. valsch, die Treulosigkeit.
Feie stswf. die Fee, aus frz. fée, ital. fata; die Etymol. noch nicht sicher.
Veil adj. aus lat. vilis, billig, werthlos, schlecht; für die Veränderung des Voc. cf. vin und fein.
Feiten, teitieren, swv. bilden, schmücken, dazu das subst. feitiure (factura), Gestalt, Bildung; das verbum scheint also von dem frz. part. fait gebildet zu sein.
Vesin stm. frz. voisin, Nachbar.
[**Vetze** swm. der Fetzen, aus ital. fetta? oder umgekehrt?]
Vëzzât stf. aus frz. fesse.
Fier adj. aus frz. fier, von lat. ferus, stolz.
Vin adj. schön, aus frz. fin, von lat. finis finitus.
Visamente stn. das Aussehen, das jetzige frz. visage.
Flamme stswf. die Flamme, aus lat. flamma.
Fossiure stf. Graben, Höhle, aus frz. fossure.
Funde swv. gründen, aus lat. fundo.
Walch adj. welsch, fremdländisch, besonders rom. redend, aus lat. gallicus (?).
Wandelieren swv. das deutsche Verbum wandeln mit rom. Endung; ich führe das Wort nur an als Beispiel einer sehr häufigen Erscheinung; ebenso: diutieren, wentschelieren, scheltât, wandelieren, wenkelieren etc.
Waste stf. aus frz. vaste, Wüste.
Wituwâ f. goth. riduvô, aus lat. vidua, die Wittwe.
Zart stm. mit einer Reihe von Ableitungen aus frz. charité, von lat. caritas, Liebe, Wohlwollen.

2. Räumlichkeiten, Gefässe, Werkzeuge zur Bereitung und Aufbewahrung der Speisen, Essgeschirr.

Banier stf. Korb, aus frz. panier, eigentlich Brodkorb, von lat. panarium.
Barêl stm. aus frz. baril, Gefäss zum Trinken; grosse Flasche.
Becke stn. aus lat. bacinum, das Becken.

Bolle swf. kugelförmiges Gefäss; aus ital. bolla oder bulla, dieses letztere besonders zur Bezeichnung des Urkundensiegels mit seiner runden Kapsel.

Bühse swf. ahd. puhsâ, die Büchse; aus gr. l. pyxis. Später Feuerrohr, Kanone.

Gabele swf. aus lat. gabalus, die Gabel.

Gelte swf. die Gelte, ein Gefäss zum Wein, aus mlt. galida (wohl dasselbe Wort wie galeere und galeida).

Guttrël stn. gläsernes Gefäss, aus lat. guttarium.

Kalter abd. calctûre, swf. aus lat. calcatura, Kelter.

Kannel, kantel und kandel stf. aus gr. l. cantarus, was besonders die zweite und dritte Form darthun. In den rom. Sprachen scheint das Wort nicht zu existiren, ausser in dem frz. chanée und wie ich vermuthe in dem frz. chantepleure, welches von Diez und Littré nach Menage hergeleitet wird von chanter und pleurer. Es scheint mir diese Deutung aber nur eine etymologische Spielerei zu sein, nach einer von Littré s. v. chantepleure angeführten Stelle aus Berte aux granz piés (13. Jahrh.), wo es heisst: Je puis avoir nom chantepleure, Qui de deuil chante et de tristor. Dazu kommt, dass das Wort von Diez in falscher Bedeutung notirt ist, es heisst nicht Giesskanne, sondern es ist der Habn eines Fasses oder das Stück, welches an das Ende einer Röhre, eines Gefässes (Mündung der Giesskanne) etc. angesteckt werden kann. Aehnliche Bedeutung hatte es auch schon im Latein., wie eine Stelle aus den Digesten 30, 41, 11. zeigt, wo es heisst: Sed et automataria aut si qui cantbari, per quos aquae saliunt poterunt legari, maxime si imposititii sint. Die erste Hälfte des Wortes chantepleure ist also abzuleiten von cantharus; was aber die zweite Hälfte des Wortes betrifft, so ist das nur eine falsche Uebersetzung des lat. adj. pluviarius; chantepleure ist also ein Aufsatz auf die Mündung eines Gefässes, der die Flüssigkeit nur als Regen herauskommen lässt.

Kellnere stm. Vorrathskammer, aus lat. cellarium, dazu kelnaere, der Aufseher über dieselbe.

Kelle abd. chellâ, stf. aus lat. catillus, Schüsselchen.

Kezzel abd. chezil, stm. aus lat. catinus, der Kessel. cf. lámel und lamina, kümel und cuminum, Klöblauch und Knöblauch etc.

Kopf stm. ein halbkugelförmiges Geschirr für Flüssigkeiten, aus lat. cupa, dann auch ein bestimmtes Maass.

Korp stm. aus lat. corbis, der Korb.

Kübel stm. aus lat. cupellus, von cupa, Kufe, Fass.

Küchen stf. aus lat. coquina, Küche.

Lagel stm. aus lat. lagena, ein kleines Fässchen, Lägel.

Morsel stm. abd. morsâri, aus lat. mortarium, der Mörser.

Pechari stm. aus mlt. bicarium, der Becher, aus gr. βίκος, irdenes Gefäss.

Pfanne stf. aus lat. patina, Pfanne.

Presse stf. von lat. pressa und pressel von pressula, die Presse (torcular).

Poteche swf. aus gr. l. apotheka, der Bottich.

Schüzzel abd. scuzzilâ, stf. die Schüssel, aus lat. scutella.

Sidlin stn. das Seidel, aus lat. situla.

Spichaere stm. aus lat. spicarium, der Speicher.

Sportel swf. aus lat. sportella, Korb.

Stêchal goth. stikl, der Becher, nach Wackernagel von litth. stiklas, slav. stklo, Glas.

Tëgel stm. Schmelztiegel, aus rom. tegola, von lat. tegula, ital. tegghia und teglia, Pfanne, cf. Ziegel und Tëst.

Telere swm. aus ital. tagliere, frz. tailloir, ein Holzteller zum Zerschneiden der Speisen.

Tëst stswm. aus lat. testa. Ziegelstein, Topf, Tiegel. In der Bedeutung hat also genau derselbe Wechsel stattgefunden wie in tegula zu tiegel.

Tisch ahd. tisc, stm. zuerst Schüssel, dann Speisetafel, aus gr. l. discus.

Torkel swf. aus lat. torcular, Kelter.

Treffant aus hebr. tretfa, zerreissen, nicht nach vorgeschriebener Art geschlachtet, von dem ebräischen Verbum tharaph, zerreissen.

Trihtaere stm. aus lat. trajectorium, der Trichter.

Urgel aus lat. urceolus, ahd. urzal, urzeôl, der Becher.

Vaz stn. aus lat. vas, das Gefäss; gebildet als ob das lat. Wort hiesse vat, mit Verwechselung von s und z (mortarium, Mörser).

Fetzinët stn. Schweisstuch, Serviette; aus ital. fazzoletto, von lat. facitergium; daneben die aus dem lat. direct abgeleiteten und umgedeuteten Formen Fezetrage und fetztregele.

Vlasche swf. aus lat. vasculum, die Flasche.

Vlegele abd. flegilla, stm. aus lat. flagellum, der Dreschflegel.

Focher stm. aus lat. focularc von focus, der Blasbalg.

Furke swf. aus frz. fourque, lat. furca, Gabel.

3. Speisen und ihre Bestandtheile.

Die hierher gehörigen Pflanzen und Thiere siehe unter diesen Rubriken.

Agraz stm. aus prov. agras, die unreife Traube, von lat. acer; eine saure Brühe.

Benit stm. aus frz. pénide, von lat. paenidium, Stangenhonig.

Biment n. aus lat. pigmentum, pigmënt, das Gewürz.

Blâmenschier eine Art Speise, aus afrz. blanc mangier.

Bolz stm. Umdeutung des lat. puls, Mehlbrei, also dem ahd. polz, Bolzen nachgebildet.

Butere ahd. butrâ, swf. aus gr. l. butyrum, Butter.

Ezzich stm. durch Umstellung der Conson. für echiz, aus lat. acetum, goth. akeit.

Galreide stf. aus ml. geladria von gelatus, Gallerte.

Gingibere swm. ahd. gingibëro, aus frz. gingembre, von lat. zingiberi.

Jeroffel aus frz. girofle, von gr. καρυόφυλλον, mit beibehaltenem Accente; Gewürznelke.

Kaese ahd. châse, stm. aus lat. caseus.

Kardamôme f. ein Gewürz aus gr. l. cardamomum; jedenfalls mit scharfem kressenartigem Geschmack, denn gr. κάρδαμον, die Kresse.

Klârêt stm. von frz. clarés, ml. claratum, müsste also eigentlich heissen claraz wie moraz, ein mit Gewürzen versetzter Wein.

Chochôn swv. aus lat. coquere, kochen.

Kubêbe swf. aus frz. cubèbe, Name einer indischen Pflanze, die eine Art Pfeffer giebt, von arab. kabâbat.

Kumpast stm. aus lat. compositum, Sauerkraut.

Macis aus lat. macir, eine indische gewürzhafte Baumrinde.

Mangerie stf. aus frz. manger, von lat. manducatio, das Essen.

Mosanze swf. aus hebr. mazah, ungesäuerter Kuchen.

Most stm. ein junger Wein, aus lat. mustum.

Mursêl stm. aus afrz. morcel, von lat. morsellus, ein viereckiges Stück Zuckerwerk, oft als Form der Arznei.

Musthart stm. der Senf, aus frz. moutarde umgedeutet; das frz. Wort von moût, deutsch Most, lat. mustum abzuleiten, weil der Senf mit Most angemacht wurde.

Muscât stm. aus frz. muscat, muscade, muscadin, von gr. μόσχος, Moschus, also eigentlich animalisches Räucherwerk.

Pfanzelte swm. aus lat. pancellus, Pfannkuchen.

Pfeffer stm. aus lat. piper.

Râz stn. aus lat. radius, die Wabe.

Resin stf. aus frz. raisin, die Rosine, von lat. racemus.

Safrân stm. aus ital. zafferano, von arab. zâfrân.

Salse swf. eine gesalzene Brühe, aus mfrz. salce, sauce, von lat. salso.

Schotte swf. Quark aus Molken von süsser Milch, mit Aphaerese aus lat. excocta gebildet.

Simele swstf. feines Weizenmehl und Weizenbrot, aus lat. simila.

Sirop stm. aus frz. sirop (arab. schârab), süsser Saft.

Spîse stf. aus lat. expensa, der zur Beköstigung nöthige Vorrath an Getreide.

Sulh stf. das Wasser von eingesalzenem Fleisch, aus lat. salsugo verstümmelt; dazu **sulze**, stswf. aus ital. solcio, von lat. salsugo, Salzsole, und das darin aufbewahrte Fleisch.

Suppe swf. aus frz. soupe, die Suppe und dieses wieder ein german. Wort altn. saup, ahd. sauf.

Turtelle stf. die Torte, aus frz. tourte, von lat. tortus, ein gewundenes Gebäck.

Vechenze swf. aus ital. focaccio, mlt. focacius von focus, ein auf dem Herde gebackener Kuchen.

Vîn stm. aus lat. vinum, der Wein; dazu das swv. windemôn, aus lat. vindemiare, Weinlese halten.

Zemse und zemisa, swf. Kleie; ohne Wurzel in den german. Sprachen, vielleicht ein keltisches Wort. Dem widerspricht Diez s. v. tamigio.

Zinement stm. aus cinnamentum, der Zimmet.

Zucker stm. aus arab. shuker; dazu Zuckerviolât und Zuckerrosât, Veilchen- und Rosensaft mit Zucker angemacht.

4. Wohnung, ihr Bau und ihre Einrichtung.

Agtote m. aus ital. aquidotto, lat. aquaeductus, Wasserleitung.

Blaz stm. ebener freier Raum, Platz, aus lat. platea, gr. πλατεῖα.

Burse swf. Haus der Studenten, aus lat. bursa, der Beutel, wegen der gemeinsamen Casse.

Bütze stf. neben dem genaueren pfütze, aus lat. puteus, Brunnen.

Drapperie auch trapperie stf. das Zimmer zur Aufbewahrung der Kleidung, die Garderobe, von frz. drap.

Dürnitze swf. das Speisezimmer, aus russ. gornitza, Badestube (cf. pfiesel und das frz. étuve).

Esilo m. die Schindel, aus lat. assicellus, frz. aisseau.

Estrich stm. aus ml. astricus, der Fussboden; eigentlich wohl der Mosaikboden der römischen Häuser, da das Wort zurückzugeben scheint auf gr. ἄστρις und ἀστρίζειν für ἀστράγαλος und ἀστραγαλίζειν.

Genez stn. aus gr. l. gynaeceum, das Gebäude für das weibliche Gesinde.

Grät stm. der Grad, die Stufe; aus lat. gradus, dazu plur. gréden, Treppe; dann auch sing. gréde, stswf. span. grada, der gepflasterte Weg vor den Gebäuden.

Quäder stm. aus lat. quadrus, Viereck, der Quaderstein.

Kaffäte swf. der innere Hof des Hauses, von lat. cavum aedium = cavaedium.

Kale stm. aus lat. calx.

Kamere swf. aus lat. camera, Schlafgemach.

Kanel und kenel stm. aus lat. canalis, die Gosse.

Kemenäte swf. aus caminata, von gr. l. caminus, ein mit Kamin versehenes, also heizbares Gemach.

Chentila f. aus lat. candela, der Leuchter.

Kulter stswf. gepolsterte Decke über dem Bette um darauf zu liegen, von mfrz. coultre, aus ml. cultra von culcitra.

Küssen aus frz. coussin, dem dimin. von lat. culcitra, das Kissen.

Leiter swf. aus lat. clathri, ahd. hleitara, die Leiter.

Lit das frz. lit, Bett.

Matraz stm. Ruhebett, mit Wolle gefüllt, aus frz. materas, von ml. matratium.

Matte swf. Decke aus Stroh oder Binsen, aus lat. matta.

Morter stm. aus lat. mortarium, der Mörtel. Aus demselben lat. Wort hat sich auch das deutsche Wort Mörser entwickelt, da das lat. Wort sowohl Mörtelpfanne, als auch den Mörtel selbst bezeichnet.

Müre swf. aus lat. murus, die Mauer.

Pfäl stm. der Pfahl, aus lat. palus.

Pfiesel stm. aus ml. pisale, afrz. poisle, ntrz. poêle, ein heizbares Gemach; nach Scheler eigentlich Badestube.

Pfilacre stm. von lat. pila, der Pfeiler.

Pflûme swf. aus lat. pluma, Flaumfeder, und dazu

Phlumit stn. Sitzkissen, daneben die richtigere Form plumit, denn die Endung zeigt, dass das Wort romanisch, also ohne Verschiebung aufgenommen ist. Die Form plumit ist eine Vermischung des direct abgeleiteten phlûme und des rom. plumit.

Planke swf. das dicke Bret, der Fussboden, aus lat. planca, frz. planche, span. plancha.

Phorte swf. aus lat. porta, daneben die rom. Form porte; doch ist auch pforte nur zur Hälfte verschoben, es müsste eigentlich gebildet sein wie

Phorzich stm. aus lat. porticus, Säulenhalle.

Phost stm. aus lat. postis, der Pfosten.

Pfulwe swm. das Kissen, der Pfühl, aus lat. pulvinus.

Portenaere stm. und das frz. portenoys stm. der Pförtner, von lat. porta.

Privêt swm. aus frz. privé lat. privatus, der Abtritt.

Schindel ahd. skintalâ, aus lat. scandula, mit Bezug auf das Verbum schinden umgedeutet.

Sedel stn. aus lat. sedile, Sitz, Sessel.

Sölre stm. ahd. solâri, aus lat. solarium, der Söller.

Spiegel stm. aus lat. speculum, rom. Vocal.

Tavel swf. mit der früher entlehnten Form zapal (cf. ziegal und tegel, ziser und kicher).

Teppich stm. aus lat. tapes, tapetium (cf. ezzich aus acetum).

Terrâz stm. stn. aus frz. terrace, Terrasse.

[**Tocke** swm. Puppe zum Spielen. Nach Wackernagel vielleicht ein Dimin. von tohter. Dem scheint mir die Bedeutung „Klotz, Stützbalken" nicht zu entsprechen. Ich denke vielmehr an das ital. Wort tocco, Schnitte, span. tocon, Stumpf. Im schles. Dialect giebt es das Wort noch als „das Tockel" in der Bedeutung Puppe, kleine Statue.]

Tunichôn swv. aus lat. tunicare, tünchen.

Turn stm. ahd. turri, aus lat. turris, der Thurm.

Venster stn. das Fenster, aus lat. fenestra.

Ville stf. Dorf, aus frz. ville (village), von lat. villa, dazu gehörig viler stm. ahd. vilâri, der Weiler.

Funtäne stf. aus frz. fontaine, lat. fontana, sc. aqua.

Fundament stn. aus lat. fundamentum, mit einer ganzen Reihe von Umdeutungen, darunter volmunt, pflumutinde etc.
Ziegel stm. aus lat. tegula, cf. Tiegel.
Zisterne swf. der Brunnen, aus lat. cisterna.

5. *Kleiderstoffe.*

[Achmardi stn. ein grüner sehr kostbarer Seidenstoff. Etym.?]
Arlas stm. der Atlas; nach dem Fabrikort Arles benannt.
Arreis stm. der Rasch, ein wollnes Zeug von der Stadt Arras genannt, cf. ital. Arazzo und razzo, gewirkte Tapete, ebenfalls nach der Stadt Arras genannt (dasselbe Zeug?).
Barichant stm. aus parchanus; ein Baumwollenzeug.
Bliat cf. Triblât.
Buckeräme stm. ein baumwollenes Zeug, durchlöchert gewebt und dann mit Leim gesteift. nach Ziemann; es ist vielmehr ein Zeug aus Ziegenhaaren, aus frz. boncarau. Das von Ziemann angeführte rom. buco heisst übrigens nicht Loch, sondern nur Höhlung.
Bûrât stn. aus ital. burato, das grobe wollene Zeug zu den Mönchskleidern, vielleicht zusammenhängend mit dem span. adj. burdo, grob.
Dirdendei stm. aus frz. tyretaine, von schott. tartan, ein Zeug aus Wolle und Leinen gemischt.
[Golisch stm. eine weiss und blau oder weiss und roth gewürfelte Leinewand (nach einigen = Kölnisch?).]
Gugelaere stm. ein jedenfalls wollener Stoff, aus dem Kapuzen (gugele = cuculla) gemacht werden.
[Kateblatin ein Stoff zu Gewändern?]
Kotze swm. zottiges, wollenes Zeug, lat. entis.
Lîn stm. aus lat. linum, der Lein.
Palmât stn. ein Seidenzeug mit eingewebter Palme, cf. Rosât.
Phelle stm. aus lat. pallium, ein kostbarer Seidenstoff, mit Gold durchwebt.
Pôfûz stm. jedenfalls ein fremdes Wort, obwohl eine Etymol. mir nicht bekannt ist; es ist eine Art Phellel.
Rôsât stm. Seidenstoff, in den goldene Rosen eingewebt waren.
Saben stn. aus gr. σάβανον, eine Art feiner, ungefärbter Leinewand.

Satin stm. ein Seidengewebe, aus frz. satin, ital. setino, von lat. seta. Seide.
Schalûne swf. aus frz. chalon, ein wollenes Zeug, eigentlich Netz und dieses vielleicht von Chalons, als dem Fabrikorte?
Schamelôt stn. lat. camelotum, Gewebe aus Kameelhaaren.
Schürbrant m., darf man vielleicht an das frz. giron, afrz. gueron. mhd. gêre, Schleppe, denken und an das ital. brandin, Fetzen, Tuchlappen? so dass schürbrant den Stoff bezeichnete, den man anwendet, um bunte Stücke in Schleppe und Rockschösse einzusetzen, die oft aus mehreren verschiedenen Farben zusammengesetzt wurden.
Sendel stm. ein halbseidenes Zeug, sehr dünn und florartig, dazu die Formen zendâl, zendel, zendât, mlt. cendalum, cendatum, fast über alle rom. Sprachen verbreitet; gewöhnlich hergeleitet von gr. σινδών, ein indisches Baumwollengewebe. Daher unsere Redensart „dünn wie Zunder", da wirklicher Zunder (ahd. zuntra, ags. tynder, anrd. tundr, afr. tondre) nicht florartig dünn sein darf, sondern wie unser Schwamm weich aber dicht. Gemein haben beide also nur die leichte Brennbarkeit.
Serge stf. die Sarsche, ein aus Seide und Wolle, oder aus Seide und Leinen gemischter Stoff, von lat. sericus, Baumseide; dazu die Form sirec, stn.
Seit und sei stm. aus saget von ml. sagetium, frz. sayette, dem Dimin. von lat. saga. Dazu die Form sajan, ein halbseidenes mit Wolle gemischtes Zeug.
Side swf. aus ital. seta, frz. soie, Seide, von lat. seta (sc. serica).
Sigelât und siglât stm. kostbarer Seidenstoff, cf. ciklât.
Timit m. ein seidener Stoff zum Unterfutter, aus gr. δίμιτος, ein Gewebe aus doppelten Fäden, also gebildet wie unser deutsches Zwillich.
Triblât stm. seidener Drillich, ein rom. Wort, dessen Etym. nicht sicher festzustellen ist. Der zweite Theil kehrt mhd. wieder als blialt, bliat, aus afrz. bliaut, ein Kleid von Seidenstoff: das mhd. bezeichnet aber nur den Stoff, nicht das Kleid. Der Stamm ist nach Ducange enthalten im kymr. bliant, feines Leinzeug, cf. Diez s. v. bliaht. Der erste Theil scheint mir auf lat. tres zurückzugehen, gerade wie drillich entstanden ist aus tri und licium.

Trigant stm. ein Seidengewebe; ich denke bei dem Worte an frz. tricoter, von lat. trica, mit der frz. Form intrigue. Die Endung ant steht für ân. In neuester Zeit wird wieder ein Stoff gewebt Namens Tricot, weil das Zeug auf der einen Seite, der falschen Seite der Strickerei sehr ähnlich ist.

Ferràn stm. ein halbseidenes Zeug mit Wolle gemischt, noch jetzt in Lyon gewebt, aus frz. ferrandine oder férandine. Etym.?

Violât stm. ein veilchenfarbener Kleiderstoff, lat. violatum (oder waren Veilchen eingewebt? cf. rosât, palmât).

Fritschâl stm. ein Kleiderstoff der in Gent gemacht worden zu sein scheint, dann auch die Farbe desselben, das Gelbe. Eine Etym. ist mir nicht bekannt.

Ciclât stm. und stn. ein kostbarer Seidenstoff mit Gold durchwebt, von gr. κυκλάς, ml. cyclas; bei den Griechen die um das Gewand herumlaufende purpurne Falbel; bei den Römern die Staatskleider der Frauen mit einer solchen Falbel.

Cimit stm. ein Seidenstoff, aus ital. sciamito, afrz. samit, von mgr. ἑξάμιτος, sechsfädig, auch mit **samit** verwechselt.

6. Kleidungsstücke.

Belliz stm. aus frz. pellisse oder pellice, von lat. pellicia, der Pelz als Kleidungsstück und als noch nicht verarbeitetes Fell.

Daphart stm. ein Mantel aus grobem Zeuge, aus frz. tabard, von lat. tapes.

Garnatsch stf. aus ital. guarnaccio, von ahd. warna, Verwahrung, langes Oberkleid.

[**Gêre** swm. afrz. gueron, ital. ghirone, Schooss, Schleppe; in der Heraldik ein Dreieck, ist wohl german. ahd. gero, fries. gâra. Graff 4, 225.]

Gippe stf. aus frz. jupe, ital. giubba, die Jacke; daneben die Formen schûbe und schaube.

Gödelse swf. ein slavisches Frauenkleid, das Wort also auch slavisch.

Gollier stn. aus frz. collier, von lat. collare, die Halsbekleidung sowohl bei Menschen als bei Pferden.

Kappe swf. aus ital. cappa, von lat. capio, ein weiter Mantel, der den ganzen Menschen umfängt. Diez führt das ahd. gifang, Kleid, mit gleicher Bedeutung an.

Kasagân m. aus frz. casaque, casaquin, lange Ueberjacke, von casa, also wie mhd. kasugele gebildet, von lat. casula.

Kolze swm. Beinbekleidung, aus rom. calzo, frz. chausse, von lat. calceus.

Cursit und **currit** stn. von frz. corset (mhd. curs, afrz. cors = corpus), Leibrock, dann auch ein Staatskleid der Ritter zum Ueberwerfen, auch von Frauen getragen.

Kurzeboli stm. etwas was als prächtiger Schmuck getragen wird, also nicht ein eigentliches Kleidungsstück; wohl eine Umdeutung des frz. courte-pointe; jetzt allerdings nur noch Paradebettdecke, aus lat. culcita puncta, frz. coulte-pointe und mit Wechsel zwischen l und r courte-pointe.

Kutte stf. ahd. cuzin, chozzâ, aus afrz. cote, ital. cotta, langes Oberkleid, cf. surkôt.

Mantel stm. aus ml. mantellus, der Mantel.

Pfeit stf. goth. paida, Mantel; aus gr. βαίτη (oder finn. paita?), das Hemd: nach Wackernagel mit Austausch der Accentuirung der beiden Consonanten.

Pfellel stm. ein feines Seidenzeug und die daraus gefertigte Decke aus ml. palliolum.

Scheppe und **schepfe**. swf. aus rom. giubba, Weste.

Slavenie stf. Mantel aus grobem wollenen Zeuge, eigentlich Sclavenmantel, mlt. sclavinia, afrz. esclavine.

Suckenîe stf. aus frz. souquenille, Oberkleid der Frauen, nach Du Fresne aus ml. sucenania, ein Wort dessen Herkunft nicht sicher ist.

Surkôt (daneben auch die Form kursôt umgestellt nach kursit) stn. Sehr richtig weisst Diez auf das lat. cutis hin und führt ags. cote, ahd. chozzâ an. Zu demselben Stamm scheint aber auch das Wort **kutte** zu gehören, ich möchte es nicht wie Diez von quotidie ableiten.

Surzengel aus afrz. cengle, nfrz. umgedeutet zu sangle aus cingulum, ein Gurt der über alle Gewänder gebunden wurde. Dazu **senkel** stm. aus frz. sangle, der Gürtel.

Troie swf. aus frz. traire, von lat. trahere, die Jacke, dazu **trojewasche**, eine Art Wamms.

Vaele stf. aus frz. voile, von lat. velum, Mantel, Schleier, daneben die Form veile.

Ville swm. aus lat. vellus, eine Art Mantel.

Wätschger stm. Reisetasche, aus ital. viaggiario, oder nach Wackernagel von vestiarium; also ist nicht an wât stf., die Kleidung, zu denken.

Weste stf. aus lat. vestis.

7. Putz und Kopfbedeckung.

Anser stm. Schleife, aus frz. anse, von lat. ansa, Griff, dann die Löcher in den Kleidern zum Schnüren.

Balzieren swv. das Haar zusammenwickeln; kann man vielleicht an das ital. balza, Einfassung, von lat. balteus, Gürtel, denken, so dass es einen von der Farbe der Haare abstechenden Schmuck zum Zusammenhalten bedeutete?

Bônit stn. aus frz. bonnet, Mütze.

Bratsche swf. aus frz. broche, Schmucknadel.

Gugele swf. und das dim. gugelîn, von lat. cucullus, die Kapuze.

Quaste swf. und quast stm. aus lat. castula, Büschel, Strauss.

Litze f. aus lat. licium (Weberfaden), die Schnure, besonders zum Putz der Kleider in bunten Farben.

Parâge stf. und parât, aus frz. parer, parement, parade, dazu par stf. die Beschaffenheit und parrieren swv. mit abstechenden Farben schmücken.

Parelieren swv. zurüsten. Nach Lachmann aus f**. appareiller, ausrüsten; da das frz. Wort aber erst durch die vorgesetzte praep. gerade diese Bedeutung bekommt, so könnte diese auch bei uns nicht kaum fehlen. Darf man vielleicht an das frz. Verbum parer, schmücken und abwehren, denken?

Peralâ stf. aus lat. pirula (dim. von pirum) die Perle.

Schäpel stn. aus afrz. chapel, ein Kranz, den man als Haarschmuck trug, dazu das dim. schapelikîn stn. auch schampellîn, ein kleiner solcher Kranz.

Schinât stm. eine schwarze Fischhaut mit der man Kleider besetzte. Jedenfalls ist das Wort von dem gr. σχίαινα (lat. umbra, frz. ombre), der Meerschatten, herzuleiten; es ist das eine dunkelgefärbte Lachsart. Noch heute gerben sibirische Stämme die Haut des Lachses.

Slappe swf. aus slav. schlapa, Haube, Hut; dann auch eine Klappe an der Pickelhaube.

Spënel f. aus lat. spinula, die Stecknadel.

Tassël stn. aus frz. tassel, von lat. taxillus, Klötzchen, eine Agraffe zum Zusammenhalten des Frauenmantels.

Uebergimmen und vergimmen swv. mit Edelsteinen, Gemmen besetzen.

Flôre stf. Blume aus frz. fleur, von lat. flos; dazu das swv. flôren, sich mit Blumen schmücken.

Floyr stn. Kopfputz aus flatternden Bändern, von dem swv. flogiere, aus lat. fluere.

Focher stm. der Fächer, von lat. focus und foculare. Focus heisst nämlich nicht nur Herd, sondern auch Blasbalg.

Franze swf. aus frz. frange, von lat. fimbria, die Frausen.

[**Wieren** swv. mit drahtförmigem Golde einflechten. Die Etymol. ist unentschieden; cf. Diez s. v. virar. Ich halte das Wort für germanisch. Es kehrt wieder als ahd. wiara, ndd. wire, nrl. vir, feiner Golddraht und dieses deutsche Wort ist wohl der Stamm des rom. Verbums virar.]

Zirkel stm. der Reif, goldener Hauptschmuck der Frauen, mit Steinen besetzt, aus lat. circulus.

8. Pelz, Leder, Fussbekleidung.

Bunt n. feines Pelzwerk, aus lat. punctatus; dazu niederd. kunterbunt, falsches Pelzwerk, dessen Zeichnung nicht regelmässig ist (cf. vëch).

Harm stm. aus Armenius, weil die Felle zunächst von dort kamen (cf. Türkis), der Hermelin, mlt. Arminea und Arminia.

Kordewân stn. Leder von Cordova.

Limbel stm. aus lat. limbulus von limbus, Schuhriemen.

Lösch stm. eine Art kostbares, roth oder violett gefärbtes, weiches Leder; Ziemann vergleicht russ. los, Eleuthier.

Sablar stn. Pelz einer Zobelart. Vielleicht eine Adjectivableitung von dem russ. sobol.

Soc stm. aus lat. soccus, leinene Fussbekleidung.

Sol ahd. solâ, swf. aus lat. solea, die Sohle.

Stivâl stm. aus ital. stivale, afrz. estival, von ml. aestivale, Sommerfussbekleidung.

Vëch stn. aus ital. vajo oder vajuolo, von lat. varius (navigium und frz. navire), frz. vaire, bunt, fleckig (petite vérole), von lat. varius, Hermelin. Dazu kuntvëch (ndd. kunterbunt) aus frz. contre und vëch, so dass es falschen Hermelin bezeichnet (cf. ennterfeit, Falschheit), mit Anbildung an kunt, bekannt.

Vlies stn. aus lat. vellus, Schaffell mit der Wolle.

Zager stm. aus frz. chagrin, nach Menage vom türk. sagri, Rücken des Pferdes oder Esels; ein körniges Leder aus dem Rücken des Eselfelles gemacht.

Zobel stm. aus russ. sobol, der Zobel.

9. Farben.

Gran stf. scharlachrother Färbestoff, aus ital. grana, afrz. graine, von lat. granum (cochenille, von gr. κόκκος, Kern).
Crucefaro adj. aus lat. croceus, safranfarbig, dazu ahd. chruozo swm. crocus.
Purper stm. aus lat. purpura, Zeug und Gewand von Purpurfarbe, die Farbe selbst.
Scharlache stm. (scharlât), aus ital. scarlatto, frz. écarlate, von pers. scarlat, der Scharlach, Farbe und Zeug.
Sinôpel stn. ein rother Färbestoff, aus frz. sinople, von lat. sinopis, Eisenocker. Dann auch ein würziges Getränk, wohl ähnlich gefärbt, wie aus einer Stelle im Parzival hervorgeht.
Violin = violengevar, veilchenfarbig, von viola.

10. Spiel, Tanz, gesellige Unterhaltung.

Balliere swv. aus ital. ballare, eigentlich Ball werfen. Weil aber das Ballwerfen mit Musik und Tanz verbunden war, so bedeutet es schon sehr früh auch tanzen, frz. bal.
Esse stn. das Ass, die Eins auf dem Würfel, aus lat. as, assis.
Geste stf. aus frz. geste, lat. gesta (sc. res), Erzählungen von ritterlichen Thaten.
Gövenauz stm. aus frz. convenance, ein Tanz.
Hasehart stm. aus frz. hasard, das Würfelspiel; die wahrscheinlichste ist die Ableitung des Wortes aus arab. zehâr, der Würfel.
Kôsen swv. aus frz. causer, von lat. causari, plaudern.
Quater stn. aus frz. quatre, vier Augen im Würfelspiel.
Kurrier stm. Zeichen beim Bretspiel, aus frz. courrier.
Palme swm. der Ball, welcher mit der flachen Hand (frz. paume, lat. palma) geschlagen wird.
Roch stn. Thurm im Schachspiel, frz. roc, aus pers. rokh, Kameel.
Rotruwange stf. aus afrz. rotruenge, ein Tanz, aus prov. retroensa, lat. retroientia; dazu die Entstellungen: ridewanz, ridebant, ridefanz.
Salzen ahd. salzôn, swv. aus lat. saltare, dazu die rom. Form saltieren.
[Samieren swv. zusammen spielen, wohl von dem deutschen adv. samen, zusammen, mit der rom. Endung.]
Schâch stn. das Schach, aus pers. schâh, König.

Schanze stf. aus frz. chance, von lat. cadentia, der glückliche Wurf im Würfelspiel.
Schier stf. aus frz. chère, das Mahl, die Schmauserei, aus lat. cara (zuerst = κάρα, Gesicht, dann freundliches Gesicht), besonders das beim Empfang, dann der freundliche Empfang selbst, dann die freundliche Bewirthung, Gastmahl, cf. Diez s. v. cara.
Seriôn stm. ein Tanz, vielleicht von série, lat. series?
Sês stn. aus afr. seix, lat. sex, sechs Augen im Würfelspiel.
Spacieren swv. aus lat. spatiari.
Topel stm. das Würfelspiel, wohl von frz. double, weil mit zwei Würfeln gespielt (doublet, Wurf mit gleichen Augen); dazu topelen, topelspil, topelbrët.
Tûs, dûs stn. aus mfrz. deus, zwei Augen im Würfelspiel; das Daus im Kartenspiel.
Fabele stswf. aus lat. fabula, der Gegenstand der Unterhaltung, gewöhnlich dem Wahren entgegengesetzt; dazu fabelie, Fabelei und fabeliere, der Erzähler von Fabeln.
Firlei stn. Name eines Tanzes, wohl aus frz. virelai, das Ringellied, von dem Verbum virer, wenden, drehen; dazu die Verstümmelungen firlefei, firlefanz, firgandrei.

11. Jagd.

Birsen swv. aus afrz. berser, mit dem Bogen schiessen, nach Diez von lat. berbex, Sturmbock, Widder, davon ital. berciare, frz. bercer, durchbohren.
Curie stf. das Füttern der Jagdhunde auf der abgezogenen Haut des Hirsches mit dem zerschnittenen Herzen und anderen Theilen des Eingeweides. Weil im afrz. die Eingeweide mit corrée von coeur bezeichnet wurden, könnte man zunächst an diese Etymologie denken; die fittlhere frz. Form heisst aber enirée, ein Beweis dafür, dass es cuir, lat. corium, also an das Hirschfell, auf dem die Hunde die Eingeweide erhielten, zu denken ist, nicht aber an cor, das Herz.
Lieue swf. die Bache, aus frz. laie (?).
Litze stf. aus frz. lice, Schranke beim Turnier; Wildzaun, Gehege; vielleicht auf ahd. lista, Saum, zurückzuführen.
Panze swm. aus frz. pance, von lat. pantex, der Magen (Jagdausdruck?)
Riet stn. aus lat. rete (mit rom. Vocal), das Netz, das Fanggarn (zu vergleichen brevo und brief, remus und rieme).

Smirlin stn. der Amselfalke, aus ital. smeriglione, frz. émerillon, von merula (cf. sparwaere, der Sperber, zu ahd. sparo, Sperling); also ganz ebenso von merula, Amsel, abgeleitet wie Schmerle cf. merlin (Thiere).

Teiliren swv. aus frz. tailler, vom Zerlegen des Wildes (oder nur das deutsche Verbum theilen mit der rom. Endung?).

Terze swm. und **terzel** stn. aus mlt. tertiolus, ital. terzuolo, frz. tiercelet, eine kleine Falkenart (es sollte das dritte im Nest ein Männchen sein).

Valke swm. der Falke, aus lat. falco; das urverwandte Wort ist Habicht, nach Grimm Gesch. d. d. Spr. p. 50 von dem verb. hapên, wie das lat. accipiter (im Mittelalter acceptor), von capere. Dazu das stm. falkenaere, frz. fauconnier.

Furkie stf. aus mhd. furke, von frz. fourque, lat. furca, gabelförmiger Zweig; das Befestigen der Eingeweide des Hirsches an einem solchen Zweige.

Zimber, zimiere swf. das Schwanzstück des Hirsches, aus frz. cimier; das Wort ist wohl kaum von cime, Gipfel, abzuleiten, man müsste dann mit Littré sagen, es sei „das oberste" zu fassen als „das beste" Stück. Ich denke vielmehr an die andere Bedeutung von gr. l. cyma: Kohlkeim. Nun heisst aber zimber auch noch das membrum des Hirsches; vielleicht ist also das Ganze nach dem Theile benannt, wegen der Aehnlichkeit des cyma mit dem zimber in der Gestalt (cf. Ruthe).

Jahresbericht
über das Gymnasium zu Zwickau
auf das Schuljahr 1864—1865.

I. Chronik.

Am 12. December feierte die Anstalt den Geburtstag Seiner Majestät des Königs. Nach einem deutschen Eröffnungsgedicht des Primaners Egmont Bonitz „Bilder aus der Vergangenheit des sächsischen Fürstenhauses" hielt Herr Oberlehrer Dr. Ackermann die Festrede „über den Einfluss des Christenthums auf das staatliche Leben". Hieran schloss sich der Vortrag einer lateinischen Ode des Primaners Paul Flechsig, eine lateinische Rede des Primaners Eugen Türschmann „de Pericle Atheniensi" und eine deutsche Rede des Primaners Paul Vogel „die Charaktere des Herzogs und der Prinzessin in Göthe's Tasso", endlich ein Schlussgebet des Unterzeichneten. Ausserdem wurden unter Leitung des Herrn Oberlehrers Dr. Vetter entsprechende Gesangstücke von dem Gymnasialchor aufgeführt. Am Abend des Festtages ward in herkömmlicher Weise im Saale des deutschen Hauses ein Ball veranstaltet, an dem auch Eltern und Angehörige unserer Schüler, sowie zahlreiche andere Freunde und Gönner des Gymnasiums mit gewohnter Freundlichkeit Antheil nahmen.

Am 11. April wurde das Wintersemester durch einen Redeactus und die Entlassung der Abiturienten geschlossen. Eine lateinische Ode des Abiturienten Paul Vogel eröffnete die Feierlichkeit. Hierauf trug der Abiturient Eugen Türschmann eine griechische Rede über Demosthenes und der Abiturient Conrad Landrock eine lateinische Elegie vor, der Abiturient Egmont Bonitz sprach in einem lateinischen Vortrage über den Herakles des Prodikos und nahm von Lehrern und Schülern der Anstalt Abschied, worauf der Primaner Carl Thost in einer deutschen Rede den Charakter des Schiller'schen Wallenstein entwickelte und zugleich im Namen seiner Mitschüler den aus der Anstalt Scheidenden Lebewohl sagte. Hieran schloss sich die Entlassung der Abiturienten sowie die Bekanntmachung der Translocation und die Vertheilung der Prämien durch den Director. Geeignete Gesänge wechselten mit den Reden und anderen Vorträgen ab.

Confirmiert wurden am Palmsonntage 25 Gymnasiasten, nachdem sie von Herrn Oberlehrer Dr. Ackermann vorbereitet worden waren.

Die gemeinschaftliche Abendmahlsfeier der Lehrer und ihrer Angehörigen und der confirmierten Schüler fand am 13. November und am 25. Mai statt. Die Vorbereitungsandachten hielten Herr Oberlehrer Dr. Ackermann und Herr Gymnasiallehrer Lesch.

Am 14. November beehrten Sr. Excellenz der Herr Minister des Cultus und öffentlichen Unterrichtes Dr. von Falkenstein, der Herr Geheime Rath Dr. Hübel und der Herr Geheime Kirchen- und Schulrath Dr. Gilbert in Angelegenheiten des bevorstehenden Gymnasialbaues die Anstalt mit ihrem Besuche.

Durch hohe Verordnung des Königlichen Ministeriums des Cultus und öffentlichen Unterrichtes vom 18. Mai wurde dem Herrn Gymnasiallehrer Lesch eine Gratification von 50 Thlrn. hochgeneigtest bewilligt.

In Gleichem hatte dasselbe hohe Ministerium die Gewogenheit, den nach Massgabe hoher Verordnung vom 26. August 1858 von uns empfohlenen Abiturienten Carl Türke aus Neudorf und Eugen Türschmann aus Jerisau Stipendien Königlicher Collatur für ihre Studienzeit auf der Universität Leipzig durch hohe Verordnungen vom 23. September und 6. April huldreichst zu verleihen.

Die neuen Schulgesetze, welche, nachdem die bisherigen vergriffen, entworfen worden waren, wurden durch hohe Verordnung vom 19. August bestätigt.

Dem Herrn Professor Dr. Nobbe, Rector der Nicolaischule und ausserordentlichem Professor der Philosophie an der Universität zu Leipzig, Ritter etc., welcher am 20. October das 50jährige Amtsjubiläum feierte, und dem Herrn Professor Dr. theol. Müller, Propst und Director des Pädagogiums am Kloster u. l. Fr. zu Magdeburg, Ritter etc., welcher am 27. April dieselbe Feier begieng, bezeugte das Lehrercollegium seine herzliche Theilnahme an diesem seltenen Feste, indem beiden hochverehrten und hochwürdigen Männern, dem ersteren in Leipzig durch Herrn Conrector Dr. Gebauer, dem letzteren unter Hinzufügung einer Abhandlung in manuscripto durch den Unterzeichneten in Magdeburg, Votivtafeln persönlich überreicht wurden.

Ebenso hatte der Unterzeichnete die Ehre, dem Herrn Geheimen Kirchen- und Schulrath Dr. Döhner, Comthur etc., beim Ausscheiden aus seinem Amte am 16. Juli in Begleitung des Herrn Conrectors Dr. Gebauer und des Herrn Oberlehrers Dr. Richter die herzlichste Theilnahme des Lehrercollegiums auszusprechen.

Nach längerer Unterbrechung übernahmen es im vergangenen Winter mehrere Mitglieder des Lehrercollegiums, wiederum wie in früheren Jahren einen Cyclus öffentlicher Vorträge in der Aula des Gymnasiums zu veranstalten. Dieselben wurden diesmal ausser dem Unterzeichneten von den Herren Oberlehrern Dr. Richter, Mosen, Dr. Vogel, Dr. Ackermann, Wendler und dem Hrn. Gymnasiallehrer Lesch gehalten. Nachdem der Ertrag in den früheren Jahren der Kranerstiftung zugeflossen war, kam er diesmal der neugegründeten Lehrer-Wittwen- und Waisenkasse des Gymnasiums zu Gute. Da sich die Vorträge eines sehr theilnehmenden Besuches zu erfreuen hatten, so ergaben sie eine Gesammteinnahme von 181 Thlr. 15 Ngr. - Pf., wovon nach Abzug der nöthigen Ausgaben im Betrag von 20 Thlr. 21 Ngr. 5 Pf. ein Reinertrag von 160 Thlr. 23 Ngr. 5 Pf. an die Wittwen- und Waisenkasse abgeliefert werden konnte.

Aber auch sonst haben uns ausser zahlreichen Bewohnern hiesiger Stadt, welche unbemittelte Schüler durch Freitische und auf andere Weise unterstützten, viele andere Freunde und Gönner unserer Anstalt zum herzlichsten und ergebensten Danke verpflichtet: Sr. Erlaucht der Graf und Herr von Schönburg-Glauchau hatten auch in diesem Jahre die Gewogenheit, einem unserer Schüler eine Unterstützung von 100 Thlrn. hochgeneigtest zu gewähren; ein hochgestellter Königlicher Beamter hiesiger Stadt übersandte dem Unterzeichneten in freundlichster Weise 24 Thlr. mit der Aufforderung, diese Summe am Geburtstage Sr. Majestät des

Königs an zwei würdige und bedürftige Gymnasiasten zu vertheilen (die Gaben wurden den Primanern Eugen Ponickau aus Mülsen St. Jacob und Rudolf Kämuitz aus Zwickau in entsprechender Weise überreicht); der Hr. Geheime Kirchen- und Schulrath Dr. Döhner machte der Wittwen- und Waisenkasse ein Geschenk von 19 Thlrn. „zur Ergänzung des dritten Hunderts ihres Vermögens"; der Vater eines auswärtigen Gymnasiasten, jetzigen Studiosus, bestimmte wie in früheren Jahren auch diesmal 15 Thlr. zur Vertheilung an einige Schüler am Weihnachtsfeste (dies Geschenk des freundlichen Gebers wurde dem Primaner Friedrich Zehmisch aus Wildenfels, dem Secundaner Victor Günther aus Lössnitz, dem Quartaner Hermann Oehlschlägel aus Schneeberg und dem Sextaner Eugen Ulbricht aus Zwickau zugewendet); Hr. Advocat E. L. H. schenkte bei Gelegenheit eines glücklichen Familienfestes der Kranerstiftung 10 Thlr.; endlich stellte die hiesige Turngemeinde 5 Thlr. zu Prämien für die besten Turner unter den Gymnasiasten freundlichst zur Verfügung.

Das Vermögen der Kranerstiftung (Unterstützungsfonds für würdige und bedürftige Gymnasiasten) betrug am Schlusse des vorigen Schuljahres 556 Thlr. — Ngr. - Pf. In diesem Jahre hat sich dasselbe durch das oben erwähnte Geschenk von 10 Thlrn., durch freiwillige Beiträge, welche die Schüler mit rühmlicher Theilnahme und Ausdauer allmonatlich in kleinen Beträgen sammelten, endlich durch die Zinsen — nach Abrechnung der im verflossenen Jahre ertheilten Unterstützung von 10 Thlrn. und einiger kleinen Ausgaben — um 112 Thlr. — Ngr. 1 Pf. vermehrt und beträgt gegenwärtig:

668 Thlr. - Ngr. 1 Pf. und zwar:
570 „ - „ - „ in Werthpapieren zu 3, 3½, 4 und 5% und
98 „ - „ 1 „ Sparkasseneinlagen.

uts.

Die für das kommende Jahr fällige Unterstützung, nach § 4 des Statutes im Betrag von 10 Thlrn., soll der Secundaner Victor Günther aus Lössnitz erhalten. Sobald der Fonds die Höhe von 1000 Thlrn. erreicht haben wird, werden nach § 5 des Statutes drei Viertheile der Zinsen zu Stipendien verwendet werden.

Zum Kassenverweser wurde auch für dieses Jahr Hr. Oberlehrer Dr. Richter gewählt.

Das Vermögen der Lehrer-Wittwen- und Waisenkasse betrug am Schlusse des vorigen Schuljahres: 228 Thlr. 3 Ngr. 8 Pf. Hierzu kamen:

19 Thlr. — Ngr. - Pf. Geschenk des Herrn Geh. Kirchen- und Schulrathes Dr. Döhner.
160 „ 23 „ 5 „ Reinertrag der im Winter gehaltenen Vorträge.
10 „ — „ - „ Honorar für einen von Hrn. Oberlehrer Mosen in das Zwickauer Wochenblatt gelieferten Artikel „Zwickau im 30jährigen Kriege".
3 „ — „ - „ Nachtrag zum Erlös des Schriftchens „Bemerkungen zur Schwanensage".
80 „ 14 „ 7 „ ordentliche und ausserordentliche Beiträge der Mitglieder, Zinsen, zufällige Einnahmen.

273 Thlr. 8 Ngr. 2 Pf.

Um diese Summe hat sich das Vermögen des Fonds im vergangenen Schuljahre vermehrt und beträgt demnach gegenwärtig:

```
501 Thlr. 12 Ngr. -  Pf.   und zwar:
425   „    —   „       „  in Werthpapieren zu 3½, 4 und 5% und
 76   „   12   „    -  „  Sparkasseneinlagen.
─────────────
uts.
```

Zum Kasseuverweser wurde auch für dieses Jahr Hr. Oberlehrer Dr. Voigt gewählt.

Die Gymnasialcommission erfuhr im Laufe dieses Jahres eine zweifache Veränderung, indem Herr Stadtältester und Advocat Müller in Folge seines Ausscheidens aus dem Stadtrathscollegium und hierauf Herr Geheimer Justizrath und Bezirksgerichtsdirector Neidhardt in Folge seiner Versetzung nach Dresden austraten. Wir sagen denselben für ihre warme und thätige Theilnahme an dem Gedeihen der Anstalt den aufrichtigsten Dank. An ihre Stelle wurden Herr Stadtrath Caspari und Herr Appellationsrath Pernitzsch gewählt und bei Gelegenheit der mündlichen Abiturientenprüfungen vom 24. März und 8. September von dem Unterzeichneten vor Lehrern und Schülern des Gymnasiums herzlich willkommen geheissen. Demnach besteht die Gymnasialcommission gegenwärtig aus den Herren Superintendent Körner, Bürgermeister Streit, Stadtrath Caspari und Appellationsrath Pernitzsch.

Nach einer langjährigen Wirksamkeit schied während des Sommerhalbjahres der Inspector des Kirchenchors, Herr Cantor und Musikdirector Heinrich Benjamin Schulze, in Folge anhaltender Kränklichkeit aus seiner Stellung aus, in der Herr Musikdirector Dr. Immanuel Klitzsch zu seinem Nachfolger ernannt wurde. Dagegen wurde der Candidat des Gymnasialschulamtes Herr Ernst Hermann Wünsch aus Hartha bei Waldheim nach Beendigung seiner Studien an den Universitäten zu Leipzig und Halle durch hohe Verordnung vom 31. August zur Erstehung seines Probejahres dem hiesigen Gymnasium zugewiesen. Demnach ist der gegenwärtige Bestand des Lehrercollegiums folgender: Der Director Prof. Dr. Ilberg, der Conrector Dr. Gebauer, die Oberlehrer Dr. Voigt, Dr. Richter, Mosen, Dr. Vogel, Dr. Ackermann (erster Religionslehrer), Dr. Vetter (zugleich Gesanglehrer), Dr. Brückner und Wendler und der Gymnasiallehrer Lesch (zweiter Religionslehrer). Hierüber der Musikdirector Dr. Klitzsch, der Oberturnlehrer Bräuer und der Candidat des Gymnasialschulamtes Wünsch.

II. Lehrverfassung.

Uebersicht des von Michaelis 1864 bis dahin 1865 ertheilten Unterrichtes.

Prima.

Ordinarius: der Director.

Latein. 9 St. Im Winter: Cicero in Verrem act. II. lib. IV. Livius Auswahl. Horatius od. lib. I. — Im Sommer: Cicero orat. Philipp. II. Tacitus Germania cap. 1—27. Horatius od. lib. IV. — Im Winter und Sommer: Aufsätze, Scripta, Extemporalia, Verstübungen, ausgewählte Capitel aus der Grammatik, der Stilistik und den Antiquitäten. 8 St. Ilberg. — Lateinische Disputationen. 1 St. Vogel.

Griechisch. 6 St. Im Winter: Demosth. de corona. — Im Sommer: Isocr. Areopagiticus. 3 St. — Im Winter und Sommer: Syntax und schriftliche Uebungen. 1. St. Gebauer. — Im Winter: Sophocles Aiax; — im Sommer: Euripides Bacchae. 2 St. Ilberg.
(Privatim lasen die Primaner unter Controle des Classenlehrers: Homer, Cicero, Livius und Horatius; unter Controle des Conrectors: Isocrates und Lysias.)
Deutsch. 3 St. Uebersicht über die einzelnen Sprachen des indogermanischen Sprachstammes. Andeutungen über die Anfänge fremder Literaturen im Mittelalter. Geschichte der deutschen Literatur alter und mittlerer Zeit (bis in das 13. Jahrh.), mit fortgehender Mittheilung von Inhaltsangaben und Proben aus den in Betracht kommenden Sprachdenkmälern. — Correctur deutscher Abhandlungen. Uebungen im Halten freier Vorträge (meistens nach blossen Gedankenskizzen, ohne wörtliche Ausarbeitung des Vorzutragenden). Richter.
Französisch. 2 St. Im Winter: Bossuet, or. fun. de Louis de Bourbon. Geschichte der französischen Literatur bis zu Ludwig XIV. Im Sommer: Racine, Mithridate. Mündliche und schriftliche Extemporalien, Pensa, freie Arbeiten. Wendler.
Hebräisch. 2 St. Im Winter: Ausgewählte Stücke aus der Genesis. — Im Sommer: Erste Abtheilung: Psalm 6—8, 13—16. Ausgewählte Stücke aus Exodus. — Mündliche Uebungen im Uebersetzen aus dem Deutschen ins Hebräische. Repetitionen. 2 St. — Zweite Abtheilung: Nominallehre nach Seffer. Uebersetzung einiger Capitel aus dem ersten Buche der Könige. 2 St. Ackermann.
Religion. 3 St. Im Winter: Christliche Glaubenslehre (Schluss). 2 St. Erklärung ausgewählter Capitel des ersten Corintherbriefes. 1 St. — Im Sommer: Christliche Glaubenslehre (Erster Theil). 2 St. Erklärung des ersten Briefes Petri. 1 St. Ackermann.
Mathematik. 4 St. Im Winter: Repetition der Progressionen, Reihen höherer Ordnung, zusammengesetzte Zinsrechnung, Trigonometrie. — Im Sommer: Diophantische Gleichungen, Combinationslehre, Wahrscheinlichkeitsrechnung, Stereometrie. Voigt.
Physik. 2 St. Im Winter: Dynamik. — Im Sommer: Die Lehre von der Wärme. Voigt.
Geschichte. 2 St. Im Winter: Vom 30jährigen Kriege bis zur französischen Revolution. — Im Sommer: Die französische Revolution bis 1815. Mosen.
Philosophie. 1 St. Logik, an geeigneten Stellen mit Hindeutungen auf Geschichte der Philosophie. Richter.

Secunda.
Ordinarius: Conrector Dr. Gebauer.

Latein. 9 St. Im Winter: Cic. pro Roscio Amerino. — Im Sommer: Sall. de Catilinae conjuratione. 4 St. — Im Winter und Sommer: Freie Arbeiten, Scripta und Extemporalia. 3 St. Gebauer. — Im Winter: Seyffert's Lesestücke aus Ovidius (16—27, 35—39), aus Tibullus, Lucanus und Silius Italicus. — Im Sommer: Verg. Aen. lib. IX. und X. — Verstlbungen. 2 St. Ilberg.
Griechisch. 6 St. Im Winter: Lys. XII und XIII. 3 St. Hom. Ilias XIX—XXIII. 2 St. — Im Sommer: Plut. Pericles. 3 St. Hom. Ilias XXIV, 1—11, 493. 2 St. — Im Winter und Sommer: Syntax und schriftliche Uebungen. 1 St. Gebauer.
(Privatim lasen die Secundaner unter Controle des Classenlehrers: Livius, Xenophon, Homer und Seyffert's griechische Lesestücke; unter Controle des Directors: Vergilius, Ovidius und Terentius.)

Deutsch. 4 St. Rhetorik (Fortsetzung). Daneben: Uebersicht metrischer Formen der deutschen Poesie. Lectüre Göthe'scher Gedichte. Correctur deutscher Abhandlungen. Uebungen im Halten freier Vorträge und im Declamieren. **Richter.**

Französisch. 2 St. Im Winter: Montesquieu, sur la grandeur etc. — Im Sommer: Ausgewählte Stücke aus Plötz, Mauuel. Mündliche und schriftliche Extemporalia, Pensa, einzelnes aus der Syntax. **Wendler.**

Hebräisch. 2 St. Im Winter: Die Lehre von den schwachen Verbalwurzeln nach Seffer. — Im Sommer: Elementar- und Formenlehre nach demselben Uebungsbuche §§ 1—32. **Ackermann.**

Religion. 3 St. Im Winter: Ueberblick über den Inhalt der neutestamentlichen Schriften. 2 St. Erklärung des zweiten Theils der Apostelgeschichte. 1 St. — Im Sommer: Reformationsgeschichte. 2 St. Erklärung ausgewählter Stücke des zweiten Corintherbriefes. 1 St. **Ackermann.**

Mathematik. 4 St. Im Winter: Gleichungen mit mehreren unbekannten Grössen, quadratische Gleichungen, Einübung der logarithmischen Tafeln, Ausmessung geradliniger Figuren. Aehnlichkeit der Figuren, rechnende Geometrie. — Im Sommer: Potenzen, Wurzeln, logarithmische Rechnungen, Progressionen, Aehnlichkeit der Dreiecke, Proportionalität der Linien am Kreise, Berechnung des Kreises und der regulären Polygone. **Voigt.**

Physik. 2 St. Im Winter: Statik. — Im Sommer: Magnetismus und Electricität. **Voigt.**

Geschichte. 2 St. Im Winter: Das Zeitalter der Kreuzzüge. — Im Sommer: Der Verfall des Mittelalters. **Mosen.**

Tertia.

Ordinarius: Oberlehrer Dr. **Vogel.**

Latein. 9 St. Im Winter: Cic. in Catilin. or. II. III. IV. — Im Sommer: Ausgewählte Briefe Cicero's nach der Sammlung von J. Frey (ad fam. II, 15; IV, 5. 6; IX, 1. 3; XI, 27. 28; XIV, 1. 2. 4; XVI, 1. 4. 14—26; ad Att. II, 22; IV, 1. 2; IX, 6. 11 A; X. 8 B; XV, 4—6). Daneben, wöchentlich in einer Stunde, cursorisch: Curt. VII, 5 bis X, 10. 3 St. — Lateinische Syntax nach Blume (§ 740 bis 849; § 516—628), Extemporalia, Specimina, prosodische Uebungen. 4 St. **Vogel.** — Ovid. Metam. V—VII (mit Auswahl). 2 St. **Gebauer.**

Griechisch. 6 St. Im Winter: Arrian., Anab. V, 20—29; VI, 21—30; VII, 1—19; 23—30; — im Sommer: Xenoph. Hellen. II. 2 St. — Griechische Syntax (Ueberblick über die Casus- und Moduslehre); Repetition der gesammten Formenlehre, Extemporalia, Specimina. 2 St. **Vogel.** — Im Winter und Sommer: Hom. Odyss. V. VI. VII. 2 St. **Vetter.**

Deutsch. 2 St. Lectüre von Schiller's Wilhelm Tell im Winter; von Schiller's Wallenstein im Sommer. Im Winter und Sommer: Correctur der schriftlichen Arbeiten, Declamierübungen. **Ackermann.**

Französisch. 2 St. Im Winter und Sommer: Ausgewählte Stücke aus Lüdeking's Lesebuch. Substantiva, Adjectiva, Adverbia, Pronomina, Praepositionen, Verba anomala nach Plötz II. Mündliche Uebungen. Pensa. **Wendler.**

Religion. 3 St. Im Winter: Kirchliche Unterscheidungslehren. 2 St. Erklärung des Philipperbriefes. 1 St. — Im Sommer: Leben Jesu. 2 St. Erklärung einiger Gleichnisse Jesu. 1 St. Ackermann.
Mathematik. 4 St. Im Winter: Buchstabenrechnung, Gleichungen, Repetition der Lehre von den Vierecken und Parallelogrammen, die Lehre vom Kreise. — Im Sommer: Buchstabenrechnung, Ausziehung der Quadrat- und Cubikwurzel. Voigt.
Naturwissenschaft. 2 St. Mathematische Geographie. Richter.
Geschichte. 2 St. Römische Geschichte. Im Winter: Von der Urzeit bis zur Zerstörung von Korinth. — Im Sommer: Die Zeit der Bürgerkriege. Mosen.
Geographie. 2 St. Specielle Geographie von Asien (Fortsetzung). Richter.

Quarta.
Ordinarius: Oberlehrer Dr. Vetter.

Latein. 10 St. Im Winter: Caesar b. g. lib. III—IV, 15. 3 St. — Syntax nach Blume §§ 448—503. Lehre vom Adjectivum, Numerale und Pronomen. 2 St. — Correctur der Wochenscripta und Extemporalia. 2 St. — Prosodische Uebungen nach Seyffert's Palaestra Musarum. 1 St. — Im Sommer: Caesar b. g. lib. IV, 16 bis V, 7; aus Nepos das Leben des Cato und Hasdrubal. 3 St. — Syntax nach Blume §§ 353—447. Casuslehre. 2 St. Das Uebrige wie im Winter. Vetter. — Einübung der allgemeinen prosodischen Regeln. Franke, lat. Chrestomathie, 2. Abth. 32—70. 2 St. Brückner.
Griechisch. 6 St. Im Winter und Sommer: Xenophon. Anab. II, 1—6; III, 1. 3. 4; IV, 1—8. 3 St. — Die Verba auf $\mu\iota$, die anomala, Pronomina und Präpositionen (nach Krüger); Repetition und Ergänzung des Cursus von Quinta, mündliche und schriftliche Extemporalia, Speciminá. 3 St. Vogel.
Deutsch. 2 St. Correctur deutscher Arbeiten, Declamieren, Lesen. Mosen.
Französisch. 2 St. Formenlehre nach Plötz, I. Theil. Wendler.
Religion. 2 St. Im Winter: Erklärung der drei Artikel. — Im Sommer: Lehre von den Sacramenten nach Luthers kleinem Catechismus. Ueberblick über das christliche Kirchenjahr. Ackermann.
Mathematik. 4 St. Im Winter: Gemeine Brüche, Gesellschaftsrechnung, Anfangsgründe der Geometrie. — Im Sommer: Decimalbrüche, Proportionsrechnungen, Anfangsgründe der Geometrie. Voigt.
Naturwissenschaft. 2 St. Partien aus der Mineralogie und Geognosie. Richter.
Geschichte. 2 St. Griechische Geschichte. Im Winter: macedonisch-griechische Geschichte bis zur Zerstörung von Korinth. — Im Sommer: Von der Urzeit bis zu den Perserkriegen. Mosen.
Geographie. 2 St. Allgemeine und specielle Geographie von Deutschland (Fortsetzung). Richter.

Oberquinta.
Ordinarius: Oberlehrer Dr. Brückner.

Latein. 10 St. Im Winter und Sommer: Repetition der Präposit., Conjunct. und unregelmässigen Verba. Einübung der wichtigsten Regeln der Casus- und Satz-Lehre. Extemporalia und wöchentliche Scripta. 6 St. — Holzer, viri illust. 4 St. Brückner.

Griechisch. 5 St. Repetition des Cursus von Unterquinta. 1 St. — Das regelmässige Verbum nach Krüger §§ 26—33; mündliche und schriftliche Uebungen nach Spiess' Lesebuch. 4 St. Vetter.
Deutsch. 3 St. Unterscheidung der Satzarten, Lese- und Declamierübungen, schriftliche Arbeiten. Brückner.
Religion. 3 St. Im Winter: Luthers kl. Katechismus: III. Hauptstück. 2 St. — Bibellection: Apostelgeschichte. 1 St. — Im Sommer: Erklärung des II. und III. Artikels. 2 St. — Bibellection: Apostelgeschichte (Fortsetzung). 1 St. Auswendiglernen von Sprüchen und Liedern. Lesch.
Mathematik. 3 St. Rechnung mit gemeinen Brüchen und Decimalbrüchen, einfache und zusammengesetzte Regel de tri. 2 St. — Anfänge der Planimetrie. 1 St. Brückner.
Naturwissenschaft. 1 St. Allgemeines. Naturgeschichte: Die Lehre von den Organen der Pflanzen. Erläuterung des Linné'schen Pflanzensystems. Richter.
Geschichte. 3 St. Geschichte der wichtigsten europäischen Staaten von der Mitte des dreizehnten bis zum Anfang des siebzehnten Jahrhunderts. 2 St. Vetter. — Sächsische Geschichte: Die letzten Perioden bis zur Neuzeit. 1 St. Lesch.
Geographie. 2 St. Das Wichtigste aus der mathematischen und physischen Geographie. Beschreibung von Asien und Australien (im W.), von Nordamerika (im S.). Brückner.
Französisch. 1 St. Vorbereitungscursus. Wendler.

Unterquinta.
Ordinarius: Oberlehrer Wendler.

Latein. 10 St. Im Winter und Sommer: Repetition des Pensums von Sexta und Ausführung desselben nach Blume's Grammatik, die einfachsten Regeln der Syntax, schriftliche und mündliche Uebungen, wöchentliche Scripta. 9 St. — Allgemeine Repetition. 1 St. Wendler.
Griechisch. 3 Stunden. Formenlehre nach Krüger bis zum regelmässigen Verbum; mündliche und schriftliche Uebungen nach Spiess' Lesebuch. Vetter.
Deutsch. 3 St. Schriftliche Arbeiten, Declamations- und Leseübungen. Die Lehre vom einfachen Satze. Wendler.
Religion. 3 St. Im Winter: Luthers kl. Katechismus: I. Hauptstück. 2 St. Bibellection: Ausgewählte Abschnitte aus den Evangelien. 1 St. — Im Sommer: I. und II. Artikel. 2 St. Bibellection: Ausgewählte Abschnitte aus den Evangelien. 1 St. Auswendiglernen von Sprüchen und Liedern. Lesch.
Mathematik. 3 St. Im Winter: Wiederholung der Rechnung mit ungleichbenannten Zahlen. Regel de tri. Gemeine Brüche. 2 St. — Im Sommer: Gemeine Brüche. Bruchrechnung mit ungleichbenannten Zahlen. Regel de tri mit Brüchen. 2 St. — Winter und Sommer: Anfangsgründe der Geometrie. 1 St. Lesch.
Naturwissenschaft. 2 St. Allgemeines als Einleitung in die Naturgeschichte. Allgemeine Uebersicht über das Thierreich. Naturgeschichte der Säugethiere. Richter.
Geschichte. 3 St. Im Winter: Allgemeine Weltgeschichte von 1492—1648; — im Sommer: Römische Geschichte bis zum Ausgang des II. punischen Krieges (im Anschluss an das Winterpensum von Sexta). 2 St. Vogel. — Sächsische Geschichte: Die beiden letzten Perioden. 1 St. Lesch.
Geographie. 2 St. Im Winter: Deutschland. — Im Sommer: Das übrige Europa. Lesch.

Sexta.
Ordinarius: Oberlehrer Mosen.

Latein. Im Winter und Sommer: Formenlehre bis zu dem Verb. depon.. Uebungen im Uebersetzen nach Spiess, wöchentliche Scripta. 10 St. Mosen. - Im Sommer: Vocabelübungen. 1 St. Ilberg.

Deutsch. 4 St. Formenlehre und Anfang der Satzlehre. Lectüre in Wackernagels Lesebuch, I. Theil. Schriftliche Arbeiten. Declamierübungen. Lesch.

Religion. 3 St. Im Winter: Biblische Geschichte des neuen Testaments, nach Zahn's biblischen Historien §§ 1—80. — Im Sommer: Biblische Geschichte des alten Testamentes §§ 41—81. Auswendiglernen von Sprüchen, Liedern, Katechismusstücken. Lesch.

Mathematik. 3 St. Die vier Species. Einfache (directe und indirecte) Regel de tri. Gemeine Brüche. Lesch.

Naturwissenschaft. 2 St. Einleitung in die Naturgeschichte. Allgemeine Uebersicht über das Thierreich. Naturgeschichte der Säugethiere. Richter.

Geschichte. 2 St. Im Winter: Erzählungen aus der Geschichte der Griechen. — Im Sommer: Erzählungen aus der Geschichte der morgenländischen Völker. Ackermann.

Geographie. 2 St. Vaterlandskunde. Im Winter: Das Gebiet der weissen Elster und der Zwickauer Mulde; — im Sommer: Das Gebiet der Freiberger Mulde und der Elbe. Mosen.

Künste.

1) **Zeichnen.** 3 St. für Quarta, Quinta und Sexta in 2 Abtheilungen. Richter.
2) **Schreiben.** 3 St., je eine für Va, Vb und VI. Mosen.
3) **Singen.** 4 St. in verschiedenen Abtheilungen. Vetter.
4) **Turnen.** 6 St. in 3 Abtheilungen. Bräuer.

III. Lehrapparat.
1. Bibliotheken.

A. **Raths-Schulbibliothek.** Als Geschenke giengen ein: Von dem Königl. Hohen Ministerium des Cultus und öffentlichen Unterrichts: Katalog der Aargauischen Kantonsbibliothek. Th. I, Bd. 3. — — Von dem Herrn Geh. Kirchen- und Schulrath Dr. Döhner: Ein altes Buch, in dem enthalten sind: Almanach perpetuus v. J. 1502; Alphonsinae tabulae astronomicae v. J. 1503 etc. — Novum testamentum ex versione vulgata. Cum paraphrasi et adnotationibus Henr. Hammondi. Amstelod. 1700. — — Von dem Herrn Appellationsgerichts-Vicepräsidenten Stieber in Budissin (von demselben verfasst): Die wahre Gestalt der Planeten- und Kometenbahnen. Dresd. 1864. — — Von dem Herrn Rector Dr. Rüdiger in Dresden (von demselben herausgeg.): Demosthenis orationes pro Megalopolitis et pro Rhodiorum libertate. Lips. 1865. — — Von dem Oberlehrer und Bibliothekar Dr. Richter: Grundzüge religionsphilosoph. Anschauung in Dante's Paradies nach Philalethes. Zwickau 1858.

Angekauft wurden: Encyklopädie von Ersch und Gruber. Sect. 1, Bd. 77, 78 u. 82. Pierer's Universallexikon. 4. Aufl. Bd. 19. — Schmid: Encyklopädie des gesammt. Erziehungs- u. Unterrichtswesens. Hft. 41-46. — Neue Jahrbücher f. Philologie u. Pädagogik. Jahrg. 1865 (Bd. 91 u. 92). — Zeitschrift f. d. Gymnasialwesen. Jahrg. 1865 (Jahrg. 19). — Archiv f. d. Studium d. neueren Sprachen u. Literaturen. Herausg. v. L. Herrig. Bd. 36 u. 37. — Grimm, J. u. W.: Deutsches Wörterbuch. Fortges. v. Hildebrand u. Weigand. Bd. V, Lief. 2. — Müller u. Zarncke: Mittelhochdeutsches Wörterbuch. Bd. II. Abth. 2, Lief. 3. — Wüllner: Lehrbuch der Experimentalphysik. Bd. I u. Bd. II, Abth. 1. — Schaefer: Demosthenes und seine Zeit. 3 Bde. — L. Napoleon: Geschichte Julius Cäsar's. Bd. I. — Becker u. Marquardt: Handbuch der röm. Alterthümer. Th. V. Abth. 1. — von Wietersheim: Geschichte der Völkerwanderung. Bd. 4. — Archiv f. d. Sächs. Geschichte. Herausg. v. Wachsmuth u. von Weber. Bd. III, Hft. 2-4. Bd. IV, Hft. 1. — Gervinus: Geschichte des neunzehnten Jahrhunderts. Bd. 7. — Wackernagel, Ph.: Das deutsche Kirchenlied. Lief. 8-11. — Hettner: Literaturgesch. des achtzehnten Jahrh. Th. III, Buch 2. — Ramming's kirchlich-statist. Handbuch f. d. Königr. Sachsen. 8. Ausg. (1865).

B. Hempel'sche Bibliothek. Angekauft wurde: Georges: Deutsch-Latein Handwörterbuch. 11. Aufl. 2 Bde.

C. Schülerbibliothek. Geschenkt wurden: Von dem Herrn Pastor emer. Hofmann: Batz: Ochino, Histor.-dramat. Gedicht. — Ausserdem die schon oben genannten „Grundzüge religionsphilos. Anschauung in Dante's Paradies".

Angekauft haben wir: Hoffmann, Jul.: Europäische Bilder u. Skizzen. — Wagner: Entdeckungsreisen in die Heimath. I. Eine Alpenreise. — Spiess: Die Preuss. Expedition nach Ost-Asien. — Griesinger: Im hohen Norden. — Hartwig: Gott in der Natur. — Ders.: Die Unterwelt mit ihren Schätzen und Wundern. — Brehm u. Zimmermann: Bilder u. Skizzen aus d. zoologisch. Garten zu Hamburg. — Simrock: Handbuch d. deutsch. Mythologie. 2. Aufl. — Reusch: Die nordischen Göttersagen. — Assmann: Geschichte des Alterthums. — Käuffer: Ueberblick der Gesch. Ost-Asiens. — Becker's Erzählungen aus der alten Welt. 3 Th. (in 9. u. 10. Aufl.). — Dielitz: Hellas und Rom. 3. Aufl. — Pfizer: Geschichte der Griechen. — Henneberger: Griech. Gesch. in Biographien. — Günther: Die Gesch. der Perserkriege nach Herodot. 3. Aufl. — Hertzberg: Die Geschichte der Messen. Kriege nach Pausanias. 2 Abdr. — Ders.: Der Feldzug der zehntausend Griechen. Nach Xenophon's Anabasis. — Ders.: Die Asiat. Feldzüge Alexander's d. Gr. 2 Th. — Assmann: Gesch. des Mittelalters. 4 Abth. — Dielitz: Das Mittelalter. — Henning: Gallerie histor. Erzählungen. Bdch. 5-12. — Göhring: Columbus. — Armin: Das alte Mexiko und die Eroberung Neuspaniens durch Ferd. Cortez. Ders.: Das heutige Mexiko. — Maukisch u. Dielitz: Germania. 6. Aufl. — Dies.: Teutonia. 5. Aufl. — Geschichtsbilder aus dem deutschen Vaterlande. Herausg. v. F. Schmidt. Bd. 7 u. 8. — Schneider u. Kohlrausch: Bildnisse d. deutschen Könige. Hft. 1-12. — Dielitz: Die Helden der Neuzeit. 4. Aufl. — Schröder: Das Wiederaufblühen der class. Studien in Deutschland. — Die Edda. Uebers. u. erläut. v. Simrock. 3. Aufl. — Beowulf. Uebers. v. Simrock. — Deutsche Classiker des Mittelalters. Herausgegeben v. Franz Pfeiffer. Bd. I u. II. — Das Heldenbuch v. Simrock. 6 Bde. — Die deutschen Volksbücher. Herausg. v. Simrock. Bd. 1-11. — Dieselben. Bearb. v. Schwab. 4. Aufl. — Deutsche Bibliothek. Herausg. v. H. Kurz. Bd. 5-7.

— Simrock: Deutsche Märchen. — Rückert: Die Weisheit des Brahmanen. 5. Aufl. — Gerok: Palmblätter. 8. Aufl. — Ders.: Pfingstrosen. — Wildenhahn: Hans Sachs. — Osterwald: Erzählungen aus der alten deutschen Welt. Th. 7. — Hoffmann, Frz.: Die Geschichte von Reineke dem Fuchs. — W. Scott's Ivanhoe; desselb. Kloster und Abt; desselb. Quentin Durward — sämmtl. f. d. Jug. bearb. v. Ad. Stein. — Mayne Reid's Steppenross. Für die Jug. v. Ed. Wagner. — Cooper's Lederstrumpf-Erzählungen. Für die Jug. v. Ad. Stein. 2. Aufl. — Murray's Prairieblume unter den Indianern. Für die Jug. v. Wilh. Stein. 2. Aufl. — Gabr. Ferry's Waldläufer. Für die Jug. v. Jul. Hoffmann. 5. Aufl. 2 Bde. — Ch. Rowcroft: Die Ansiedler auf Van-Diemens-Land. Für d. Jug. v. J. Hoffmann. — Müller, K.: Die jungen Büffeljäger auf den Prairien des fernen Westens etc. — Ders.: Die jungen Pelzjäger im Gebiet der Hudsonsbay-Compagnie. — Ders.: Esperanza oder die jungen Gauchos in den Pampas am Fusse der Andes. — Ders.: Die jungen Canoéros des Amazonen-Stroms. — Ders.: Die jungen Boers im Binnenlande des Caps der guten Hoffnung. — Kletke: Wahrheit und Dichtung. — Zastrow: Herz und Welt. — Ders.: Aus Heimath und Ferne. — Wildermuth: Jugendgabe. — Fünf Erzählungen von v. Horn (Nr. 56-60). — Fünf Erzählungen v. Fr. Hoffmann (Nr. 101-5). — Die Maje. Herausg. von v. Horn. Jahrg. 8 (1865). — Der Jugend Lust und Lehre. Herausg. v. Masius. Jahrg. 1865.

II. Naturwissenschaftlicher Apparat.

Angekauft wurden eine Fallmaschine und ein Anorthoscop.

III. Die geographischen Lehrmittel

wurden im vergangenen Schuljahre nicht vermehrt.

IV. Schülercötus.

Aufgenommen wurden in diesem Schuljahre 61 Schüler, und zwar 15 im Winter- und 46 im Sommerhalbjahre.

Im Winterhalbjahre: Nach Secunda: 1. Paul Waldenburger aus Hohenstein. Nach Tertia: 2. Gustav Hencker aus Hohenstein; 3. Paul Kretzschmar aus Lichtenstein. Nach Oberquinta: 4. Karl Zoeffel aus Gersdorf; 5. Otto Wahle aus Zwickau. Nach Unterquinta: 6. Arthur Bierbaum aus Schwarzenberg; 7. Richard Simon aus Schönbach bei Greiz; 8. Julius Heyl aus Lichtenstein; 9. Alfred Schubert aus Bernsgrün. Nach Sexta: 10. Arthur Hofmann aus Schönfels; 11. Karl Meyer aus Bockwa; 12. Albrecht Grüne aus Zwickau; 13. Conrad Francke aus Bockwa; 14. Emil Klotz aus Zwickau; 15. Hugo Bachmann aus Zwickau.

Im Sommerhalbjahre: Nach Tertia: 1. Robert Wirth aus Wittgensdorf. Nach Quarta: 2. Emil Bochmann aus Mülsen St. Jacob; 3. Franz Schnedermann aus Chemnitz; 4. Martin Solbrig aus Mülsen St. Jacob; 5. Robert Schiffner aus Glauchau; 6. Theodor Petzold aus Eibenstock. Nach Oberquinta: 7. Karl Heyn aus Johanngeorgenstadt. 8. Manfred Wittich aus Greiz; 9. Max Schmidt aus Reichenbach; 10. Alban Reiss aus Eibenstock; 11. Otto Schmidt aus Frankenberg; 12. Max Schiebler aus Frankenberg; 13. Reinhold Schneider aus Lugau; 14. Paul Wagenknecht aus Callnberg; 15. Bernhard Krug aus Chemnitz; 16. Emil Friedrich aus Burgstädt. Nach Unterquinta: 17. Max Geissler aus Thurm; 18. Hugo Bellmann aus Zwickau; 19. Hans Meischner aus Penig. Nach Sexta: 20. Emil Haubold aus Lugau; 21. Guido König aus Plohn; 22. Albin Scherbel aus Hauptmannsgrün; 23. Moritz Lessmüller aus Zwönitz; 24. Louis Liebert aus Meerane; 25. Robert Heinrich aus Marienthal; 26. Ernst Mothes aus Bockau; 27. Karl Rau aus Zwickau; 28. Ernst Pilz aus Neudörfel; 29. Max Schubert aus Rothenkirchen; 30. Ernst Herold aus Zwickau; 31. Johannes Haustein aus Zwickau; 32. Paul Müller aus Zwickau; 33. Emil Körner aus Zwickau; 34. Heinrich Falck aus Zwickau; 35. Georg Vogel aus Zwickau; 36. Georg Marezoll aus Zwickau; 37. Ernst Kästner aus Zwickau; 38. Arno Thalemann aus Zwickau; 39. Otto Meisel aus Zwickau; 40. Walter Varnhagen aus Neudörfel; 41. Otto Ludewig aus Hohndorf bei Lichtenstein; 42. Curt Böttger aus Steinpleiss; 43. Julius Ludwig aus Oberhohndorf; 44. Friedrich Eisenheiss aus Pölbitz; 45. Hans Barthold aus Zwickau; 46. Louis Beckert aus Neudörfel.

Zur Universität giengen ab:
Ostern 1865:

	Wiss. Cens.	Sitten.	Studium.
Bonitz, Egmont	I	I	Jura und Cameralia.
Starke, Paul	IIa	I	Jura.
Sommer, Heinrich	IIa	I	Medicin.
Türschmann, Eugen	Ib	I	Theologie und Philologie.
Flechsig, Paul	IIa	I	Medicin.
Landrock, Conrad	Ib	I	Jura.
Vogel, Paul	I	I	Naturwissenschaften.
Landgraf, Friedrich	II	I	Jura.
Heynemann, Ottokar	IIb	I	Medicin.
Berthel, Clemens	IIb	I	Medicin.
Michaelis 1865:			
Roch, Georg	I	Ib	Medicin.
Thost, Karl	I	I	Jura.
Weickert, Rudolf	- IIIa	I	Jura.
Francke, Paul	II	I	Medicin.
Zehmisch, Friedrich	IIb	I	Theologie.

Ausser den Genannten verliessen die Schule und giengen auf andere Anstalten oder zu anderen Berufsarten über: I. Seit dem Abschlusse des vorigen Programms (19. Sept. 1864) bis zum Beginn des Sommersemesters 1865: Aus Prima: 1. Emil v. Milkau aus Zwickau (Nicolaischule zu Leipzig). Aus Secunda: 2. Gustav Windisch aus Beutha (Gymnasium zu Plauen). 3. Curt Neidhardt aus Zwickau (Vitzthum'sches Gymnasium zu Dresden). 4. Alfred Kühn aus Zwickau (Realschule zu Neustadt-Dresden). Aus Tertia: 5. Moritz Gross aus Zwickau (wegen Krankheit)*). 6. Robert Götz aus Crimmitschau (Kreuzschule zu Dresden). 7. Paul Kretschmar aus Lichtenstein (unbestimmt). 8. Otto Hofmann aus Zwickau (Thomasschule zu Leipzig). Aus Quarta: 9. Franz Liebe aus Crot-

---

*) Zu unserem herzlichen Bedauern ist er vor wenigen Tagen seinem Leiden erlegen.

tendorf (Nicolaischule zu Leipzig). 10. Oscar Friedrich aus Zwickau (wird Kaufmann). 11. Richard Zänner aus Zwickau (wird Kaufmann). 12. Reinhard Herold aus Zwickau (Realschule zu Annaberg). 13. Reinhard Brink aus Zwickau (wird Kaufmann). 14. Johannes Petzoldt aus Kirchberg (auf unsere Veranlassung, wird Oeconom). 15. Hermann Grüne aus Zwickau (Matthiä'sches Institut bei Altenburg). 16. Guido Vieweg aus Zwickau (wird Techniker). 17. Karl Neidhardt aus Zwönitz (wird Apotheker). Aus Oberquinta: 18. Hermann Sonntag aus Zwickau (dimittiert, wird Maurer). 19. Max Schilling aus Zwickau (wird Kaufmann). 20. Paul Lorenz aus Zwickau (wird Kunstgärtner). 21. Reinhold Kretschmar (dimittiert, Matthiä'sches Institut bei Altenburg). 22. Georg Giesecke aus Zwickau (wird Kaufmann). Aus Unterquinta: 23. Gustav Bortenreuter aus Schedewitz (dimittiert, wird Kaufmann). 24. Ernst Drechsler aus Zwickau (dimittiert, unbestimmt). 25. Johannes Burgkhardt aus Rottmannsdorf (unbestimmt). 26. Karl Martin aus Thurm (wird Kaufmann). Aus Sexta: 27. Eugen Ulbricht aus Zwickau (dimittiert, Bürgerschule zu Zwickau). — II. Im Sommersemester 1865: Aus Secunda: 1. Oscar Krausse aus Lössnitz (Gymnasium zu Freiberg). Aus Tertia: 2. Ernst Römisch aus Zwickau (wird Kaufmann). Aus Quarta: 3. Hermann Scheller aus Leutersbach (Seminarium zu Annaberg). Aus Oberquinta: 4. Paul Wunderlich aus Stollberg (unbestimmt). 5. Paul Schweinitz aus Zwickau (Vitzthum'sches Gymnasium zu Dresden). 6. Hermann Roch aus Zwickau (Kreuzschule zu Dresden). Aus Unterquinta: 7. Alfred Schweinitz (Vitzthum'sches Gymnasium zu Dresden).

Verzeichniss der Schüler des Gymnasiums
während des Sommersemesters 1865.

Die mit * bezeichneten Schüler sind im Laufe des Halbjahrs abgegangen.

No.	Name.	Geburtsort.	Stand des Vaters.
	Prima.		
1	Roch, G. R.	Chemnitz.	Kaufmann in Cölln bei Meissen.
2	Thost, E. K. G.	Zwickau.	Kaufmann und Stadtrath.
3	Weickert, E. R.	Zwickau.	Advocat.
4	Francke, P. F.	Grossenhain.	Pfarrer in Bockwa und Assessor.
5	Kästner, M.	Bockwa.	Oeconom in Zwickau. †
6	Zebmisch, J. F. A.	Wildenfels	Postverwalter in Grüna.
7	Ponickau, E. B.	Mülsen St. Jacob.	Cantor.
8	Kämnitz, O. R.	Penig.	Förster in Zwickau.
9	Uhde, F. K.	Wolkenburg.	Kreisdirector in Zwickau
10	Bellmann, H. O.	Zwickau.	Registrator.
11	v. Zedtwitz, R. F.	Leipzig.	Appellationsrath in Zwickau.
12	Windisch, W. O.	Beutha.	Lehrer.
13	*Meisel, H.	Zwickau.	Barbier.
14	Krüger, H. O.	Zwickau.	Tischlermeister.
15	Ende, F. O.	Nassau bei Frauenstein.	Lehrer in Langenbernsdorf.
16	Thümer, K. A.	Zwickau.	Lohgerbermeister.
17	Rumpff, J. F. J. Ph.	Magdeburg.	Justizrath. †

No.	Name.	Geburtsort.	Stand des Vaters.
18	Weiske, C. O.	Penig.	Förster in Glauchau.
19	Mühlmann, C. O.	Tannhof.	Rittergutsbesitzer.
	Secunda.		
20	Römer, C. G.	Chemnitz.	Schankwirth.
21	Wimmer, G. R.	Adorf.	Pfarrer in Schönau.
22	Kämnitz, O. F.	Penig.	Förster in Zwickau.
23	Schmidt, F. R.	Frankenberg.	Fabrikant.
24	Waldenburger, P. M.	Hohenstein.	Arzt. †
25	Enderlein, J. A.	Hohenstein.	Bürgermeister.
26	Katschner, C. H. F.	Aue.	Oeconom.
27	Brückner, O. J.	Glauchau.	Amtswundarzt.
28	Meissner, H. J.	Eibenstock.	Lehrer.
29	Raabe, C. H.	Zwickau.	Lohgerbermeister.
30	Knuferstein, E. G.	Wurzen.	Pfarrer in Harthau bei Chemnitz.
31	Braun, E.	Zwickau.	Appellationsrath.
32	Schmalz, M.	Dresden.	Regierungsrath in Zwickau.
33	Lötzsch, C. F.	Neuwelt bei Schwarzenberg	Stellmachermeister.
34	Vogel, F. R.	Zwickau.	Commissionsrath.
35	Brink, C A. W.	Eibenstock.	Rendant in Zwickau.
36	Böhme, L. R.	Johanngeorgenstadt.	Rector.
37	Grube, C. H.	Kühnhaide.	Lehrer.
38	*Krausse, O. F.	Lössnitz.	Bürgermeister.
39	Gruner, A. W.	Liebtenstein.	Weberfactor.
40	Lindner, E F.	Cainsdorf.	Steiger.
41	Hofmann, E. F.	Zwickau.	Schankwirth. †
42	Zimmermann, M. J.	Werdau.	Betriebsingenieur.
43	Günther, V. H.	Lössnitz.	Kaufmann.
44	Löhr, R.	Zwickau.	Töpfermeister.
45	Reinhold, F. R.	Culitzsch.	Oeconom in Bockwa.
46	Hencker, J. G. A.	Hohenstein.	Handelsgärtner.
	Tertia.		
47	Ebert, O.	Mosel.	Oeconom in Zwickau.
48	Krieg, E.	Waldenburg.	Pfarrer in Mülsen St. Michael.
49	Rudert, B. E.	Planitz.	Schichtmeister.
50	Oehme, H. A.	Pfeilhammer.	Schichtmeister in Raschau
51	Zeller, A. B.	Zwickau.	Anlagecassirer.
52	Lohmann, P. G. R.	Hohenkirchen.	Pfarrer in Wittgensdorf.
53	Müller, J.	Chemnitz.	Advocat.
54	Neumerkel, J. F.	Seelingstädt.	Gutsbesitzer.
55	Wirth, R. F.	Wittgensdorf.	Gutsbesitzer.
56	Otto, A.	Zwickau	Rathsregistrator.
57	v. Zedtwitz, C. M.	Leipzig.	Appellationsrath in Zwickau.
58	Rehm, P. H.	Wildenfels.	Privatier.
59	Bretschneider, Ch. H. R.	Mülsen St Jacob.	Apotheker.
60	Haustein, J. F. H.	Zwickau.	Advocat.
61	Winkler, J. G.	Döhlen bei Dresden.	Pfarrer in Planitz.
62	Gebauer, C. F. E.	Waldenburg.	Seminar-Oberlehrer in Callnberg.

No.	Name.	Geburtsort.	Stand des Vaters.
63	Gärtner, E. R. G.	Schneeberg.	Buchdruckereibesitzer.
64	Rudert, A. R.	Leubnitz bei Werdau	Lehrer.
65	Rudert, E. A	Planitz	Secretär.
66	Schnorr, V. H. B.	Schneeberg	Kaufmann.
67	*Römisch, E. H.	Wolkenstein.	Gerichtsamtmann in Zwickau.
68	Herold, Ch. J.	Kirchberg bei Oberlungwitz.	Gutsbesitzer.
69	Beutler, P. R.	Waldkirchen bei Lengenfeld.	Pfarrer.
70	Kürbitz, H.	Braunsroda b. Eckartsberga.	Lehrer in Sanbach bei Bibra.

Quarta.

No.	Name.	Geburtsort.	Stand des Vaters.
71	Sachse, M. R.	Zwickau.	Oeconom.
72	Ulbricht, G. E. E.	Rochlitz.	Photograph in Chemnitz.
73	Töpelmann, F. E.	Dresden.	Forstrentamtmann in Auerbach.
74	Dautzenberg, F C.	Schedewitz.	Fabrikant.
75	Nitzsche, C. W.	Zwickau.	Werkführer.
76	Hartung, E. L.	Blankenhain.	Pfarrer.
77	Seidel, E.	Auerbach.	Gerichtsamtmann.
78	Richter, K. R.	Lichtentanne.	Pfarrer.
79	Beschoren, A. A. E. R.	Meissen	Kohlenwerkscassirer in Zwickau.
80	Geitner, E. R.	Schneeberg.	Chemiker.
81	Klabre, G. A.	Werdau.	Arzt.
82	Steinbach, R. H.	Wittgensdorf.	Bäckermeister. †
83	Weingart, A. A.	Zwickau.	Kammmachermeister.
84	Feucker, F. F.	Reinsdorf.	Lehrer und Organist.
85	Oehlschlägel, L. H.	Schneeberg.	Tischlermeister.
86	Richter, F. R.	Chemnitz.	Schlossermeister.
87	Wünsche, M. A.	Werdau.	Wachtmeister in Chemnitz.
88	Trübenbach, P. W.	Ehrenfriedersdorf.	Pfarrer in Grünstädtel.
89	Lippert, E. Th.	Niedersteinbach bei Penig.	Pfarrer.
90	Leonhardt, A.	Zwickau.	Mühlenbesitzer in Nosswitz.
91	Wagner, O. R.	Ebersdorf bei Chemnitz.	Pfarrer.
92	Tauberth, H. M. A. J.	Ehrenfriedersdorf.	Bürgermeister. †
93	Hundius, H. A.	Dresden.	Salzverwalter in Zwickau.
94	Wagner, P. E.	Oberlungwitz.	Oeconom.
95	v. Querfurth, H. H. K.	Wildenthal.	Hüttenwerksbesitzer in Schönhaide.
96	Schellhorn, B. F.	Zwickau.	Sportelcontroleur †
97	Schreyer, K. A.	Schneeberg.	Kirchvater und Bergmann.
98	Seidel, K A.	Zwickau.	Kaufmann.
99	Francke, K. B.	Schneeberg	Pfarrer in Bockwa.
100	Schnedermann, F. A.	Chemnitz.	Professor u. Dir. der Gewerbschule.
101	Bochmann, E. H.	Mülsen St. Jacob.	Webermeister.
102	*Scheller, H.	Obercrinitz bei Kirchberg.	Gasthofsbes. i. Leutersbach b Kirchberg. †
103	Ilberg, A. Th. A.	Brilon in Westphalen.	Kreisgerichtsrath in Crossen a. d. Oder.
104	Solbrig, M. J.	Mülsen St Jacob.	Pfarrer
105	Schiffner, C. A.	Glauchau	Kaufmann.
106	Hauff, H. F.	Zwickau.	Aufseher in der Gasanstalt.
107	Kämnitz, F. A. R.	Chemnitz.	Förster in Zwickau.
108	Götze, A. M.	Zwickau.	Schneidermeister in Schedewitz.
109	Petzold, Th.	Marienberg.	Oberlehrer in Eibenstock.

No.	Name.	Geburtsort.	Stand des Vaters.
	Oberquinta.		
110	Lange, M.	Frankenberg.	Bäckermeister.
111	Zeidler, E. R.	Frankenberg.	Kaufmann.
112	Rau, R. W.	Zwickau.	Dr. jur. und Kohlenwerksbesitzer.
113	Hanpt, R.	Oberwiesenthal.	Pfarrer in Glösa bei Chemnitz.
114	Grosse, O. R.	Zwickau.	Lohgerbermeister.
115	Salzbrenner, F. L.	Langenbernsdorf bei Werdau.	Gutsbesitzer.
116	Schweizer, W. E. K.	Eckersbach.	Gutsbesitzer.
117	Pernitzsch, H. Th.	Hainichen	Appellationsrath in Zwickau.
118	Kind, W. R.	Erbisdorf bei Freiberg.	Obersteiger in Neudörfel.
119	Zöffel, K. A.	Gersdorf bei Oberlungwitz.	Pfarrer.
120	Heyn, C.	Johanngeorgenstadt.	Schichtmeister u. Stadtrath.
121	Wittich, M.	Greiz.	Maler und Photograph.
122	Römisch, R. F.	Lengenfeld.	Gerichtsamtmann in Zwickau.
123	Schertlig, R. M. H.	Zwickau.	Zinngiessermeister.
124	*Wunderlich, E. E. P.	Chemnitz.	Kaufmann in Stollberg.
125	*Schweinitz, P. F.	Wermsdorf.	Gerichtsrath in Zwickau.
126	Wahle, F. O.	Dresden.	Regierungsrath in Zwickau.
127	*Roch, J. F. H.	Dresden.	Geh. Finanzrath in Dresden.
128	Schmidt, M Th.	Reichenbach.	Organist und Lehrer.
129	Wetzel, A. H.	Callnberg.	Webermeister.
130	Müller, J. F.	Langenchursdorf.	Lehrer in Lössnitz.
131	Heyl, H. J.	Lichtenstein.	Amtssportelcassirer.
132	Vogel, E. R.	Zwickau.	Commissionsrath.
133	Kästner, G. B. M.	Zwickau.	Fleischermeister.
134	Körner, K. R.	Lengenfeld.	Advocat.
135	Krenkel, E. W.	Oberalbertsdorf.	Pfarrer.
136	Müller, A. B.	Bürenwalde.	Gastwirth.
137	Hänel, B. H.	Niederwürschnitz b. Stollberg.	Conditor in Zwickau.
138	Gebauer, C. W. H.	Hohenstein.	Apotheker.
139	Anger, P. B.	Zwickau.	Canzlist.
140	Bierbaum, A A.	Steinigtwolmsdorf.	Steuercontroleur in Schwarzenberg.
141	Ebert, M. F	Zwickau.	Gutsbesitzer in Eckersbach. †
142	Demisch, H. A.	Zwickau.	Schulgeldereinnehmer.
143	Gerber, W. O.	Wiesenburg.	Maurermeister.
144	Keller, E.	Zwickau.	Zimmermeister.
145	Heynemann, O. F. C.	Weissbach.	Pfarrer.
146	Schmidt, C. G. O.	Frankenberg.	Fabrikant und Stadtrath.
147	Schiebler, M. G.	Frankenberg.	Kaufmann.
148	Schneider, A. R.	Callnberg.	Pfarrer in Lugau.
149	Wagenknecht, P. T.	Callnberg.	Webermeister.
150	Krug, P. A. B.	Chemnitz.	Arzt.
151	Friedrich, H. E.	Rochsburg.	Advocat in Burgstädt.
152	Reiss, F. A.	Eibenstock.	Designateur.
	Unterquinta.		
153	Nestler, C. G.	Falken bei Hohenstein.	Lehrer in Zelle bei Aue.
154	Hössler, E. Th.	Zwickau.	Hutmacher.
155	Simon, J. R.	Weitentrebetisch in Böhmen.	Bergcontroleur in Schönbach b. Greiz.

No.	Name.	Geburtsort.	Stand des Vaters.
156	Bachmann, C. F.	Werdau.	Gastwirth in Grünhain.
157	Wagner, C. O.	Schedewitz.	Markscheider in Zwickau.
158	Bechler, C.	Lengenfeld.	Fabrikant in Zwickau.
159	Geitner, G. G. J.	Kainsdorf	Kunstgärtner in Planitz.
160	Wahle, H. G	Limbach.	Regierungsrath in Zwickau.
161	Grübler, G. O. G.	Meerane.	Apotheker.
162	Schraps, G. H	Hermsdorf bei Hohenstein.	Gastwirth in Oberlungwitz.
163	d'Alinge, J. E. N.	Zwickau.	Regierungsrath u. Dir. der K. Strafanst.
164	Anthor, G. E.	Waldenburg.	Advocat
165	Schubert, A.	Bermsgrün bei Schwarzenberg.	Lehrer.
166	Fikentscher, J. W. G.	Zwickau.	Fabrikant. †
167	Ebert, P.	Bockwa	Oeconom.
168	Winker, F. H.	Zwickau.	Güterverwalter.
169	Ebert, F.	Zwickau	Oeconom und Stadtrath.
170	Geissler, M. K.	Thurm bei Glauchau.	Cantor.
171	Kaufmann, F. L.	Langenreinsdorf b. Crimmitschau.	Gutsbesitzer.
172	Dautenhahn, Cl.	Heinrichsort bei Lichtenstein.	Pfarrer in Härtensdorf. †
173	Glafey, M.	Reichenbach.	Buchhalter in Zwickau.
174	v. Wirsing, Ch. F. A. W.	Zwickau	Regierungsrath.
175	*Schweinitz, K. A E.	Wermsdorf.	Gerichtsrath in Zwickau.
176	Günther, K. R E.	Eibenstock.	Medicinalrath in Zwickau.
177	Lorenz, K. G.	Zwickau.	Advocat.
178	Kamprad, J. R.	Altenburg.	Kohlenwerksdirector in Neudörfel.
179	Thost, H. A.	Zwickau.	Kaufmann.
180	Meischner, H E. V.	Penig.	Advocat und Notar
181	Bellmann, H. W.	Zwickau.	Registrator.

Sexta.

182	Hofmann, A. A	Stenn.	Pfarrer in Schönfels.
183	Bomberg, G.	Zwickau.	Maschinenschlosser.
184	Zäuner, R E. W.	Zwickau	Kaufmann.
185	Haubold, E. E.	Siebenlehn.	Buchhalter in Lugau.
186	Lorenz, F O	Zwickau.	Bäckermeister.
187	Seidel, A. H.	Zwickau.	Kaufmann.
188	Würker, E. G.	Zwickau.	Bäckermeister.
189	Ebert, R.	Zwickau.	Oeconom und Stadtrath.
190	Meyer, K R.	Bockwa	Schichtmeister.
191	Grüne, A. E.	Zwickau	Apotheker.
192	Francke, C. F	Schneeberg.	Pfarrer in Bockwa.
193	Krell, M. J. A.	Zwickau.	Anstaltsinspector.
194	Bachmann, H. H.	Zwickau.	Advocat.
195	Klotz, E. F.	Zwickau.	Oberarzt im Kreiskrankenstift.
196	König, G. Th.	Blauenthal.	Brauereiinspector in Plohn.
197	Scherbel, A. T. C.	Hauptmannsgrün	Lehrer.
198	Lessmüller, M. F.	Kühnhaide.	Gutsbesitzer in Niederwönitz.
199	Liebert, F. L.	Meerane.	Fabrikant.
200	Heinrich, F. R.	Marienthal.	Gutsbesitzer und Oberbahnwärter.
201	Mothes, H. E.	Bockau.	Gutsbesitzer. †
202	Rau, C. A.	Zwickau.	Dr. jur. und Kohlenwerksbesitzer.

No.	Name.	Geburtsort.	Stand des Vaters.
203	Böttger, K.	Lindenau bei Leipzig.	Rittergutspachter in Steinploiss.
204	Körner, R. E.	Leipzig.	Advocat in Zwickau.
205	Falck, P. H.	Zwickau.	Fleischermeister.
206	Kästner, E. H.	Zwickau.	Kohlenwerksbesitzer.
207	Thalemann, J. A.	Zwickau.	Musikdirector.
208	Ludewig, O. F.	Hohndorf bei Lichtenstein	Gutsbesitzer.
209	Marczoll, K. Th. G.	Leipzig.	Appellationsrath in Zwickau.
210	Müller, G. P.	Zwickau.	Feuermann.
211	Barthold, H. A.	Rochlitz.	Brandversicherungsoberinsp. in Zwickau.
212	Herold, L. E.	Leipzig.	Postmeister in Zwickau.
213	Haustein, J. T. W	Winterthur in der Schweiz.	Advocat in Zwickau.
214	Vogel, G. R.	Zwickau	Commissionsrath.
215	Varnhagen, W. F. A.	Neudörfel.	Bergdirector zu Vereinsglück.
216	Pilz, E. V.	Neudörfel.	Steiger.
217	Eisenheiss, F.	Johanngeorgenstadt.	Steinmetz in Pölbitz.
218	Meisel, O.	Zwickau.	Barbier.
219	Ludwig, J.	Schedewitz.	Schichtmeister in Oberhohndorf.
220	Schubert, E. M.	Rothenkirchen.	Gastwirth und Oeconom.
221	Beckert, H. L.	Erbisdorf.	Obersteiger in Vereinsglück.

Prämien haben erhalten

zu Michaelis 1864: die Primaner Egmont Bonitz (Hempel'sche Stiftung) und Eugen Türschmann (desgl.), die Secundaner Eugen Ponickau, Rudolf Kämnitz und Friedrich Uhde, die Tertianer Ernst Kauferstein, Friedrich Lötzsch und Max Zimmermann, die Quartaner Ernst Gebauer und Georg Gärtner, die Oberquintaner Hermann Oehlschlägel (Meyer'sche Stiftung), Robert Richter (desgl.) und Robert Steinbach, die Unterquintaner Theodor Pernitzsch, Curt Schweizer und Richard Kind und der Sextaner Bernhard Müller (Meyer'sche Stiftung);

zu Ostern 1865: die Primaner Georg Roch und Carl Thost, die Secundaner Hermann Meisel, Philipp Rumpff und Otto Ende, die Tertianer Eduard Lindner und Ernst Hofmann, der Quartaner Edmund Ulbricht, die Oberquintaner Bernhard Schellhorn, August Schreyer und Carl Francke, die Unterquintaner Hermann Wetzel und Johannes Müller und der Sextaner Franz Kaufmann.

Schulgeldererlass im Gesammtbetrage von 182 Thlr. 28 Ngr. haben erhalten im Winterhalbjahre: die Primaner Friedrich Zehmisch, Eugen Ponickau, Rudolf Kämnitz, Hermann Bellmann und Oscar Windisch, die Secundaner Hermann Meisel, Otto Ende, Oswald Weiske, Ottomar Kämnitz, Ernst Kauferstein und Friedrich Lötzsch, die Tertianer Eduard Lindner, Ernst Hofmann, Victor Günther und Hermann Oehme, die Quartaner Ernst Gebauer, Edmund Ulbricht, Hermann Oehlschlägel, Albert Weingart und Robert

Richter, die Oberquintaner August Schreyer, Moritz Götze und Hermann Scheller, die Unterquintauer Hermann Wetzel, Johannes Müller und Bruno Hänel;

im Sommerhalbjahre: die Primaner Eugen Ponickau, Rudolf Kämnitz, Oscar Windisch, Otto Ende, Oswald Weiske und Hermann Meisel, die Secundaner Ottomar Kämnitz, Ernst Kauferstein, Friedrich Lötzsch, Eduard Lindner, Victor Günther, Ernst Hofmann und Gustav Hencker, die Tertianer Hermann Oehme, Ernst Gebauer und Albin Zeller, die Quartaner Hermann Oehlschlägel, Albert Weingart, Robert Richter und August Schreyer, die Oberquintaner Hermann Wetzel, Johannes Müller, Bruno Hänel und Paul Wagenknecht und der Unterquintauer Richard Simon.

Ordnung der öffentlichen Prüfung.

Montag, den 25. September.
Vormittags von 8 Uhr an.

Prima.	Physik	Voigt.
	Geschichte	Mosen.
	Tacitus Germania	Ilberg.
Secunda.	Plutarch	Gebauer.
	Religion	Ackermann.

Nachmittags von 2 Uhr an.

Tertia.	Homer	Vetter.
	Geographie	Richter.
Quarta.	Griechisch	Vogel.
	Mathematik	Voigt.
	Französisch.	Wendler.

Declamation des Quartaners Max Wünsche.

Dienstag, den 26. September.
Vormittags von 8 Uhr an.

Oberquinta.	Latein	Brückner.
	Geschichte	Vetter.

Declamation des Oberquintaners Manfred Wittich.

Unterquinta.	Deutsch	Wendler.
	Arithmetik	Lesch.

Declamation des Unterquintaners Johannes d'Alinge.

Sexta.	Latein	Mosen.
	Religion	Lesch.

Declamation des Sextaners Emil Haubold.

Nachmittags von 1/2 4 Uhr an.

Prüfungsturnen	Bräuer.

Redeactus.

Donnerstag, den 28. September,
Vormittags 9 Uhr.

Choral: Ein' feste Burg ist unser Gott u. s. w., fünfstimmig von J. Eccard.
Deutsches Eröffnungsgedicht des Abiturienten Friedrich Zehmisch.
Griechische Rede des Abiturienten Paul Francke: „περὶ τῆς ἐξ Ἀρείου πάγου βουλῆς."
Lateinische Rede des Abiturienten Carl Thost: „Caesarem Octavianum, quum ad unum ex nepotibus volumen quoddam M. Tullii Ciceronis manibus tenentem accessisset, recte indicavisse: λόγιος ἀνήρ, ὦ παῖ, λόγιος καὶ φιλόπατρις."
Psalm 40 von H. Küster: Wohl dem, der seine Hoffnung setzet auf den Herrn u. s. w.
Deutsches Gedicht des Primaners Reinhold v. Zedtwitz.
Entlassung der Abiturienten. Bekanntmachung der Versetzung und der Prämien durch den Director.
Gemeinsamer Schlussgesang: Nun danket alle Gott u. s. w.

Zu geneigter Theilnahme an dieser Schulfeierlichkeit werden die hohen Königlichen Behörden, die geehrten Mitglieder der Gymnasial-Commission und des Stadtrathes, sowie alle Freunde und Gönner der Anstalt, insbesondere alle Eltern unserer Schüler ehrerbietigst und ergebenst eingeladen.

Gymnasium zu Zwickau, am 19. September 1865.

Hugo Ilberg.